Mehr Akzeptanz für Asylsuchende und Migranten!

WIE DIE FRIEDENSPÄDAGOGIK ZU EINEM PARADIGMENWECHSEL IN ÖSTERREICH HIN ZU EINER INTERKULTURELLE GESELLSCHAFT FÜHREN SOLL – STUDIENARBEIT

VON MERCEDES GUTENBERG

STUDIENARBEIT

KARL-FRANZENS-UNIVERSITÄT GRAZ

Inhalt

Abstract

Wenn von Migration die Rede ist, wird meist davon gesprochen wie man diese für die Wirtschaft des Landes nutzbar machen kann. Dass Migration eventuell auch mit dem Potenzial wirtschaftliche und soziale Entwicklungsprozesse voranzutreiben einhergehen kann, ist in den Ländern der EU kaum aufgegriffen worden. Chancengleichheit und soziale Gerechtigkeit sind Bedingungen für ein friedliches Zusammenleben. In Betracht auf die jüngsten PISA Ergebnisse, aus welcher nach wie vor starke Chancenungleichheiten im österreichischen Bildungssystem hervorgehen (vgl. Arbeiterkammer 2013, S.4), sowie in Anbetracht darauf, dass MigrantInnen in Österreich bis 1989 keinen Anspruch und danach einen eingeschränkten Anspruch auf Notstandshilfe hatten (vgl. Kargl 2004, S.4) , ergeben sich Defizite in der Gewährleistung von Chancengleichheit und sozialer Gerechtigkeit in Österreich.

Die Friedenspädagogik und soziologische Theorien eröffnen Perspektiven für aktuelle Herausforderungen. Die Heterogenität einer Gesellschaft als Normalzustand und das Konzept der Transnationalität und der hybriden Identitäten als Möglichkeit einen Paradigmenwechsel in der Gesellschaft herbeizuführen um die Akzeptanz von MigrantInnen zu stärken.

1. Einleitung

Die Friedenspädagogik setzt sich das Ziel einen Beitrag für ein friedliches Zusammenleben zu leisten. Nach Senghaas sind Chancengleichheit und soziale Gerechtigkeit Eckpfeiler, um Frieden in Gesellschaften gewähr leisten zu können (vgl. Senghaas).

Der deutsche Politikwissenschaftler Christoph Butterwegge betont die Bedeutung von Migration in junger Geschichte. Migration gibt es seit dem Menschen leben, die Integration von MigrantInnen bildet jedoch künftig eine Kernaufgabe von National- und Sozialstaaten (Butterwegge S. 55f). Nach Eder dient Migration als Medium öffentlicher Kommunikation von Problemen in modernen Gesellschaften, was seiner Ansicht nach mit der Skandalisierung von Migration einhergeht. Die Skandalisierung ist jedoch, nicht auf die oft missliche Lebenslage von MigrantInnen, sondern auf die Möglichkeit durch Migrationsprozesse Reproduktionsprobleme modernen Gesellschaften neu zu überdenken, zurückzuführen. (Butterwegge zit. Eder, S.56).

Butterwegge bezeichnet die vermehrte Legitimation von Migration aufgrund demographischer Vorteile von Zuwanderung als sozialpolitische Demagogie. Die für die Wirtschaft des Landes benutze Migration nährt seines Erachtens nach den Boden von Rassismus (Butterwegge, S.62). Darüberhinaus beschreibt Butterwegge die aktuelle Migrationspolitik von europäischen Ländern als dual und selektiv. Die hochqualifizierten werden angeworben und die nicht- qualifizierten werden abgeschreckt.

(Butterwegge, S.75). In Österreich unter anderem klar erkennbar im NAP I, in dem die Erweiterung der Rot-Weiß-Rot-Karte um vermehrt hoch-qualifizierten MigrantInnen einen Aufenthalt zu genehmigen, hervorgeht.

Migration stellt eine Herausforderung, welche kulturelle, soziale, politische und ökonomische Anstrengungen bedarf, dar (vgl. Wolf 2011, S.17). In diesem Sinne ist es Ziel dieser Arbeit durch Konzepte aus der Migrationsforschung und der Friedenspädagogik neue Ansatzpunkte für eine interkulturelle Gesellschaft aufzuzeigen. Bedeutend ist es ein politisches Ziel zu definieren und mit diesem den integrationspolitischen Prozess voranzutreiben. Im Sinne dieser Arbeit ist das politische Ziel das angestrebt wird eine interkulturelle Gesellschaft in der Chancengleichheit ermöglicht und jedem Individuum die gleiche Kapitalaneignung zugesprochen wird. Darüber hinaus ist es Ziel der Migration Potenziale zuzuschreiben und durch den Anstoß der transnationalen Migration eine differenzierte Betrachtung von Fremden zu erlangen.

Die Motivation dieser Arbeit steckt darin Wege aufzuzeigen die möglicherweise zu einer interkulturellen Gesellschaft führen können. Die Entwicklung und Sensibilisierung eines globalen Verantwortungsbewusstseins und das Thematisieren gesellschaftlicher Strukturen werden als Friedensprozesse gedacht und eröffnen neue Perspektiven. Die in dieser Arbeit aufgezeigten Ansatzpunkte müssen im politisch-öffentlichen

Raum Anerkennung finden um Frieden anzustreben zu können. Der empirische Teil dieser Arbeit setzt sich als Ziel durch qualitative Interviews zu untersuchen inwiefern friedenspädagogische Maßnahmen die Einstellung zu Asylsuchenden und MigrantInnen verändern können. Um das zu untersuchen wurden drei Lehrveranstaltungen auf der Karl-Franzens Universität in Graz ausgesucht. Die Lehrveranstaltungen sind aus unterschiedlichen Studienrichtungen gewählt worden. Eine Vorlesung war aus dem Studienfach Global Studies mit dem Thema Migration und Entwicklung. Eine andere Lehrveranstaltung war das Seminar Migrationsgesellschaft von der Studienrichtung Pädagogik und als dritte Lehrveranstaltung wurde die Vorlesung Angewandte Ethik gewählt. Insgesamt wurden fünf Interviews durchgeführt. Unter den InterviewteilnehmerInnen waren drei Frauen und zwei Männer im Alter von 20,23,24 und 30 Jahren. Grundgedanke der Interviews war unter anderem eine Bestandaufnahme über Meinungsbilder und Wahrnehmungen von unterschiedlichen Aspekten der Migration festzulegen. Folgende Fragen waren in den Interviews zentral: Wie wird Migration wahrgenommen? Wo liegen für die Befragten die Probleme? Wie wird die mediale Darstellung von Migration wahrgenommen? Wird das Thema Migration auf der Uni ausreichend behandelt?

Der Aufbau dieser Arbeit beginnt mit einer Darstellung der Friedenserziehung und deren Grundgedanken. Danach wird das Thema Migration und Entwicklung dargestellt, anschließend wird die mediale Darstellung des Integrationsprozesses umrissen und der Frage nachgegangen inwiefern Medien den Integrationsprozess beeinflussen können. Ferner wird die österreichische Gesellschaft analysiert und dann als politisches Ziel eine interkulturelle Gesellschaft angestrebt. Die Interviews werden in den einzelnen Kapiteln einfließen um einerseits Argumente zu unterstreichen oder um Widersprüche darzustellen.

2. Einführung in die Friedenspädagogik

Friedenspädagogik bedeutet für mich einen unbegrenzten Raum zu schaffen indem ein friedliches Miteinander stattfinden kann und indem Chancengleichheit ermöglicht wird(vgl. Interview. 1).

Friedenserziehung wird als eine auf friedliche Lösungen von Konflikten ausgerichtete Erziehung definiert. Basis der Friedenserziehung ist die Überzeugung, dass Kompetenzen für einen friedlichen Umgang mit Konflikten erlernbar sind und ferner die Wahrnehmung von Gefahren potenziell eskalierender Konflikte sensibilisiert werden kann. In der Friedenserziehung ist das Individuum meist Adressat der Bemühungen. Dennoch wird die Friedenspädagogik oder Friedenserziehung als ein umfassendes Projekt mit dem Ziel einen Beitrag zur Errichtung einer Kultur des Friedens definiert (vgl. Jäger 2006, S.537). Der Frage welcher nachgegangen wird: Inwiefern können Friedenserziehung und Friedenspädagogik real zu Lösungen gesellschaftlicher Probleme führen? Oder wir Ingeborg Hitler-Ketterer fragte: „Ist eine Erziehung zum Frieden in der Schule nicht völlig ohnmächtig, wenn Friede in den politischen Prozessen innerhalb der verschiedenen gesellschaftlichen Gruppen keine Resonanz findet?" (Meyer 2011, S.322). Anfangs wird in dieser

Arbeit auf die gesellschaftliche Ebene und später auf die individuelle eingegangen.

In der kritischen Friedenserziehung verstehen sich die Anstrengungen für einen Beitrag zum Frieden primär als politische Aufgaben. Demnach muss sich auch die Friedenspädagogik als politische Erziehung, die zu gesellschaftskritischem und gesellschaftveränderdem Denken und Handeln befähigen soll, beweisen (vgl. Gugel 2011, S.149). Konflikte können auf verschiedenen Ebenen liegen und sie können eine Vielzahl von Ursachen haben. Der friedenspädagogische Grund- und Leitgedanke ist Gewalt zu reduzieren und zu einem konstruktiven Umgang mit Konflikten beizutragen (Liebenau 2006, S.137). Nach Johan Galtung ist Friede die langfristige Überwindung struktureller und kultureller Gewaltkonstellationen (vgl. Jäger 2006, S.538 f). Generell ist die Friedenspädagogik der Überzeugung, dass um eine langfristige Überwindung von strukturellen und kulturellen Gewaltkonstellationen zu erlangen, insbesondere kleine Schritte, welche vermehrt auf individueller Ebene ansetzen, von Bedeutung sind (Liebenau 2006, S.138).

Der Friedenspädagogische Ansatz geht bei dem Versuch strukturelle Gewalt abzubauen mit ethischen Perspektiven über die Legitimität von Zielen einher. Basis dieser Überlegungen bilden die Menschenrechte. Nach Liebenau bestehen Mindestbedingungen um Frieden, Gerechtigkeit und Toleranz gewähren zu können. Die ökonomische Mindestbedingung ist ein ausreichendes Existenzminimum, die politische Mindestbedingung besteht in der Garantie der Menschenrechte und die soziale Mindestbedingung ergibt sich aus der

Anerkennung selbstbestimmter Lebenspraxis (vgl. Liebenau 2006, S.139).

Folgend wird das zivilisatorische Hexagon von Dieter Senghaas dargestellt um weitere Bedingungen für ein friedliches Zusammenleben aufzuzeigen.

2.1. Das zivilisatorische Hexagon

Was muss gegeben sein damit friedliche Verhandlungs- und Lösungsmodelle durchzusetzen beginnen? Schon lange fragen sich Menschen wann Friede überhaupt möglich ist und welche Faktoren diesen bedingen oder beeinflussen. Im Mittelalter besthet der Begriff Friede aus vier Dimensionen. Die verschiedenen Dimensionen iustitia- securitas- tranqualitas- caritas beschreiben einerseits eine bestehende Rechtsordnung, Sicherheit und Waffenruhe. Andererseits gilt es Friede auch als Ausdruck von Liebe zu begreifen (vgl. Senghaas 2008, S.21). Dieter Senghaas stellt mit dem zivilsatorischen Hexagon Konstitutionsbedingungen für Frieden in modernen Gesellschaften auf. Moderne Gesellschaften zeichnen sich für ihn durch überdörfliche Verkehrswirtschaften, Verstädterung, Alphabetisierung und der Möglichkeit zur politischen Partizipation aus. Durch stärkere Individualisierungsprozesse und herausbildende heterogene Gesellschaften ergibt sich ein großes Konfliktpotenzial. Das zivilisatorische Hexagon in Abbildung 1 liefert die Antwort was Frieden in modernen Gesellschaften bedingt. (vgl. Jaberg 2011, S.87) Wichtig ist es das zivilisatorische Hexagon als Gesamtkonstrukt, sprich die einzelnen Faktoren als gegenseitig in ständiger Wechselwirkung stehend und einander gleichrangig zu betrachten.

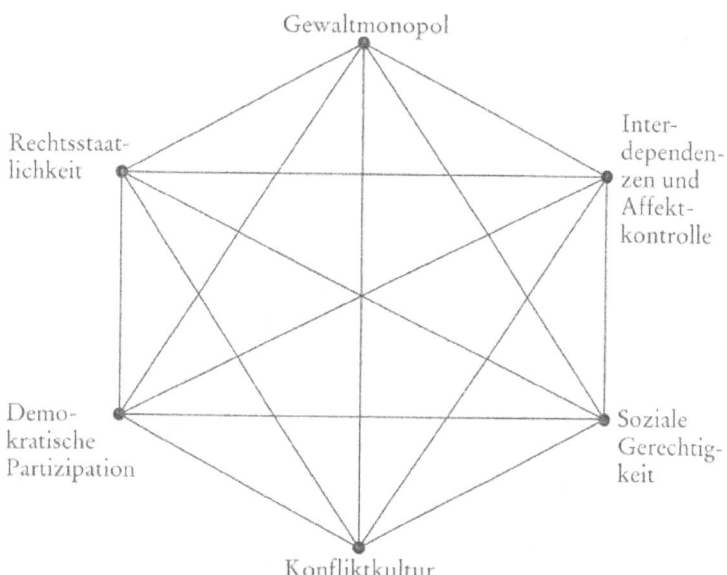

Abb. 1 zivilisatorische Hexagon

Betrachten wir die Faktoren der Reihe nach.

1. *Gewaltmonopol:* Hier tragen die Entwaffnung der BürgerInnen und das Monopol staatlicher Gewalt dazu bei Konflikte nicht mit Gewalt sondern diskursiv auszutragen.

2. *Rechtsstaatlichkeit:* Die Rechtsstaatlichkeit dient als Kontrollfunktion des Gewaltmonopols. Diese wird durch Gewaltenteilung gewährt.

3. *Interdependenzen und Affektkontrolle:* Individuen in modernen Gesellschaften beweisen sich meist als

RollenspielerInnen. Die unterschiedlichen Anforderungen an die Rollen führen nicht zu einer Kumulierung von Konflikten vielmehr kommt es zu einer Konfliktaufgliederung. Durch die unterschiedlichen Rollenanforderungen ist jedoch Selbstkontrolle erforderlich.

4. *Demokratische Teilhabe:* Durch den ständigen Wandlungsprozess in heutigen Gesellschaften ist es wichtig Partizipation zu ermöglichen um Chancengleichheit zu schaffen und Konfliktstaus zu vermeiden.

5. *Soziale Gerechtigkeit:* Moderne Gesellschaften sind noch immer geprägt von Ungleichheiten, jedoch gibt es im Gegensatz zu früheren Gesellschaften die Möglichkeit die persönliche, soziale oder geographische Verortung hinter sich zu lassen.

6. *Konstruktive Konfliktbearbeitung:* Die vorigen fünf Faktoren erhöhen eine Bereitschaft zur Konfliktauseinandersetzung. Der konstruktive Umgang mit Konflikten als Ausdruck zivilisierten Verhaltens (Senghaas 2008, S. 23ff).

Dieter Senghaas definiert zwei Anwendungsebenen für seine Friedensforschung. Einerseits den inneren und andererseits den internationalen Frieden. In beiden Fällen ist Friede nicht ein Naturzustand sondern muss aktiv angestrebt werden. Die Friedensforschung kann mit dem zivilisatorischen Hexagon eine Lehre über die Aufgaben einer proaktiven Politik mit dem Ziel des Weltfriedens aufstellen (vgl. Jaberg 2011, S.89). Doch wie kann sich das zivilisatorische Hexagon dazu beitragen, strukturelle und kulturelle Gewaltkonstellationen aufzubrechen? Was sind konkrete Ergebnisse, die aus dem zivilisatorischen Hexagon resultieren?

Weltgesellschaftliche Entwicklungen sind gegenwärtig weit von der Verwirklichung einer hexagonalen Zivilisation entfernt (vgl. Welles 2004. S.70). Das Potenzial von Friedenstheorien wie beispielsweise dem zivilsatorischen Hexagons liegt somit darin, Alternativen für einen konstruktiven Umgang mit Konflikten aufzuzeigen (vgl. ebd. 2004, S.70). An dieser Stelle soll noch einmal die Motivation dieser Arbeit unterstrichen werden. Perspektiven für einen konstruktiven Umgang mit unterschiedlichen Denk- und Wertstrukturen aufzuzeigen und Barrieren welche diesen blockieren zu analysieren.

Das Potenzial des zivilisatorischen Hexagons ergibt sich unter anderem in der Klarheit der Orientierung. Die aufgestellten Faktoren, derer es Bedarf um Konflikte gewaltfrei zu lösen müssen explizit untersucht werden und letztendlich umgesetzt werden. Unruhen und Drohungen in der Welt haben globale Dimensionen erreicht. Um weitsichtig Frieden konstituieren zu können muss daher eine globale Motivation für den Friedensprozess erreicht und Friedenserziehung zur weltweiten Aufgabe gemacht werden (vgl. Ergen 2000, S.53)

Die Verinnerlichung des konstruktiven Umgangs mit Konflikten kann über die Mikroebene auf die Makroebene ausgeweitet werden und würde somit Folgewirkungen weit über den politisch-öffentlichen Raum hervorbringen. Als Kultur des Friedens versteht sich die Gesamtheit der Werteorientierungen und Einstellungen, die im politisch-öffentlichen Raum und über diesen hinaus dazu beitragen Konflikte konstruktiv, sprich gewaltfrei und diskursiv auszutragen. Das ist jedoch eine komplexe Aufgabe, die einer fundierten und analytischen Auseinandersetzung globaler Problemlagen und Konstitutionsbedingungen von Frieden bedarf (vgl. Senghaas 2008, S.29).

2.2. Friedenserziehung

Unter dem Begriff Friedenserziehung gehen unterschiedliche Konzeptionen theoretischer sowie didaktischer Ausrichtungen einher. Friedenserziehung bezieht sich auf das pädagogische Handeln und umfasst drei Kernelemente: die Vermittlung von Friedenskompetenz, die Hinführung zur Friedensfähigkeit sowie die Befähigung zum Friedenshandeln. Die Grundfrage hinter der Friedenserziehung ist: Wie kann die Fähigkeit erworben werden mit individuellen, gesellschaftlichen und internationalen Konflikten umzugehen und die dahinterstehenden Ursachengeflechte zu erkennen, um Lösungswege zu finden? Die Berechtigung der Frage ergibt sich mit der Erkenntnis, dass Friedensfähigkeit erlernbar ist. Konkrete Hinweise auf die Erlangung von Friedensfähigkeit zu geben ist einer der schwierigsten Aufgaben der Friedenserziehung. Der Friedensforscher Hans Nicklas und die Friedensforscherin Änne Ostermann formulierten die folgenden sechs Schwerpunkte als Aufgabe der Friedenserziehung (vgl. Günther Gugel/ Uli Jäger 1999, S.3f).

1) Die Auseinandersetzung mit Gewalt

2) Die Auseinandersetzung mit der Legitimation von Rüstung und Militär

3) Die Entwicklung interkultureller Erziehung

4) Die Überwindung eines übersteigerten Nationalismus und Schaffung neuer Loyalitäten 5) Umgang mit Angst und Aggression

6) Erwerb von Kommunikationsfähigkeit.

Die Erziehungswissenschaftler und am Institut für Friedenspädagogik in Tübingen tätigen Lehrbeauftragten Günther Gugel und Uli Jäger ergänzten die sechs Kernaufgaben der Friedenserziehung durch

7) Entwicklung von einem Bewusstsein für eine Welt

8) Analyse von und Umgang mit neuen Medien.

Im Zuge dieser Arbeit und dem Fokus auf die Akzeptanz von Asylsuchenden und MigrantInnen in der Gesellschaft wird auf die Kernkonzepte der interkulturellen Erziehung eingegangen (vgl. Günther Gugel/ Uli Jäger 1999, S.3-7).

2.2.1. Interkulturelle Erziehung

Interkulturelle Erziehung kann als Antwort auf eine als dauerhaft zu akzeptierende heterogene Gesellschaft verstanden werden. Das Konzept der interkulturellen Pädagogik setzt sich nach Hohmann zwei Schwerpunkte, einerseits die Pädagogik der Begegnung und andererseits die Konfliktpädagogik (vgl. Nieke 2008, S.34f). Um auf das Konzept der Interkulturellen Erziehung einzugehen bedarf es erstmals eine für diese Arbeit bedeutende Bestimmung des Begriffs Kultur. Angelehnt an Oskar Nieke wird der Kulturbegriff definiert als „die Gesamtheit der kollektiven Deutungsmuster einer Lebenswelt einschließlich materieller Manifestationen"(ebd., S.49). Darüber hinaus definiert Nieke Lebenswelt als: „die Gesamtheit der fraglosen Gewissheiten des Alltags bei der Orientierung in der psychischen und sozialen Umwelt" (Nieke 2008, S.49). Konkrete Zielsetzungen der interkulturellen Pädagogik sind einerseits Ergebnisse aus der theoretischen Abhandlung des Begriffs Kultur und Lebenswelt und andererseits eine Weiterführung der Überlegung von Hohmann zur Entstehung von Wahrnehmung und Deutung von Befremdung und Konkurrenz gegenüber Zuwanderern (vgl.ebd., S.74). Folgend werden die zehn Zielsetzungen der Interkulturellen Pädagogik mit teilweise kurzen Überlegungen zur praktischen Umsetzung und Textstellen aus Interviews dargestellt.

1. Erkennen des eigenen, unvermeidlichen Ethnozentrismus

Als Ethnozentrismus wird das an lediglich der eigenen Ethnie oder Lebenswelt gekoppelte Denken und Urteilen verstanden. Ethnozentrismus kann somit erst durch eine Konfrontation mit anderen Denkweisen sichtbar werden. Durch multikulturelle Gesellschaften ergibt sich das Zusammenleben von Menschen unterschiedlicher Denk- und Wertgrundlagen. Ziel der interkulturellen Erziehung ist es die dadurch entstandenen Verständnisprobleme durch eine Sensibilisierung des Ethnozentrismus aufzuklären. Besonders durch das Bewusstmachen der unvermeidlich an die eigene Lebenswelt gekoppelten Denkstruktur soll präventiv Konfliktpotential vermieden werden. Nieke geht davon aus, dass das reine Informieren über andere Kulturen nicht ausreicht, viel mehr müssen Informationen in die eigene Lebenswelt eingebunden werden. Daraus leitet sich weiter, der Grundgedanke dass Ethnozentrismus unvermeidbar ist, aber aufgeklärt passieren muss, ab. Der aufgeklärte Ethnozentrismus impliziert ein wertfreies Thematisieren anderer Sichtweisen und stellt eine Voraussetzung für die weiteren Zielsetzungen der interkulturellen Erziehung dar (vgl. Nieke 2008, S.76). Die Sensibilisierung des unvermeidlichen Ethnozentrismus müsste Raum in der Öffentlichkeit finden. So sollte es einerseits in den Medien und seitens der Politik thematisiert werden, beispielsweise könnten Filme oder andere Medien, die dieses Thema aufgreifen gefördert werden. Es sollte jedes Individuum Zugang zu der Thematik haben. Sprich es muss genauso in die Bildungspolitik wie in die Arbeitswelt einfließen. Eine Interviewpartnerin erklärte den Ethnozentrismus und den fehlenden Gedanken in einer Welt als zu leben als Gründe warum es Ablehnung gegenüber MigrantInnen gibt (vgl. Interview 3)

2. Umgehen mit der Befremdung

Der Grundgedanke dieser Zielsetzung ist das Gefühl der Befremdung beispielsweise gegenüber Zuwanderern umzuwandeln in Neugier auf das Unbekannte. Gestützt auf Hebbs Feststellung, dass der Übergang von Angst zu Neugier und umgekehrt rasch und häufig geschehen kann, ist die Leitidee einen spielerischen Zugang zu anderen Kulturen zu schaffen um Neugier entstehen zu lassen (vgl. Nieke 2008, S. 76f). Aus einem Interview geht die Überzeugung dass Angst zu mangelnden Interesse führt welche wiederum mit einem kontraproduktiver Umgang einhergeht, hervor (vgl. Interview 4)

Intention der Zielsetzung ist es genau die Angst vor Fremden die auch in dem Interview angesprochen wird in Neugier umzuwandeln. Im selben Interview werden Reisen und eine geschaffene Informationsbasis als Möglichkeit, die Angst vor Unbekannten zu verringern angesprochen.

Schüler- und Studierendenaustausche zu fördern ist sicherlich möglich dennoch erreicht es nicht die gesamte Gesellschaft. Vielmehr müssten Wege gefunden werden welche die ganze Bevölkerung erreichen können. Wichtig wäre es beispielsweise Pilotprojekte mit dem Ziel Befremdung in Neugier umzuwandeln durchzuführen und diese anschließend zu evaluieren.

3. Grundlegen von Toleranz

Toleranz ist die Grundvorraussetzung um friedlich miteinander leben zu können. Demnach muss die Erziehung zur Toleranz selbstverständlicher Gegenstand einer elementaren politischen Bildung sein. In der interkulturellen Erziehung wird ein Verständnis von Toleranz gefordert welches ein reines Akzeptieren anderer Lebensstile übersteigert. Toleranz selbst bei den eigenen widersprechenden Denk- und Wertgrundlagen (vgl. Nieke 2008, S. 79). Roland Bernecker von der UNSECO charakterisiert in einem Interview Toleranz wie folgt.

„Toleranz bedeutet, seine Mitmenschen auch da anzuerkennen, wo sie anders sind als man selbst. Zum Beispiel in der sexuellen Identität oder der kulturellen Prägung. Das fällt nicht immer leicht, weil wir dann oft unsicher werden. Toleranz ist kein herablassendes Dulden, sie drückt Respekt und Aufgeschlossenheit aus. Toleranz heißt aber auf keinen Fall, dass man menschenunwürdige Praktiken oder Gesinnungen hinnehmen muss" (Unesco 2011).

Stellt sich die Frage wie kann man Toleranz vermitteln, dass sie alle Menschen erreicht? Das Eigengruppen-Projektionsmodell eröffnet eine neue Perspektive für das Grundlegen von Toleranz. Das Modell beschreibt wie durch einen komplexen Prototyp Fremdgruppen nur mehr deskriptiv als anders gegenüber der Eigengruppe wahrgenommen werden (vgl. Mummendey/ Kessler/Otten 2009, S.55). Ziel wäre es daher der Gesellschaft einen komplexen Prototyp der Eigengruppe zu vermitteln. Eine komplexe Repräsentation gekennzeichnet durch Vielfältigkeit kann in der Schule genauso wie durch Medien sowie in der Politik vermittelt werden. In einem Interview wird das Bewusstsein für eine Welt um Konflikte zwischen unterschiedlichen Denk- und Wertegrundlagen zu vermeiden, angesprochen (vgl. Interview 4) Bedeutend ist somit dass der Prototyp einer Gruppe weitgehend deskriptiv und nicht normativ ist. Diese Erkenntnis könnte ebenso in aktuelle Bildungsinhalte wie in der Öffentlichkeit umgesetzt werden. Im Sinne des Grundlegens für Toleranz bedeutet dies durch das Bewusstsein einer Welt andere Individuen lediglich deskriptiv als anders wahrzunehmen und auf diesem Bewusstsein letztendlich Toleranz auszuüben.

4. Akzeptieren von Ethnizität; Rücksichtnehmen auf die Sprachen der Minorität

Ethnizität versteht sich als das Bewusstsein und die Repräsentation der Zugehörigkeit einer Ethnie. Grundgedanke dieser Zielsetzung ist die Akzeptanz der Präsentation der Kulturen unter dem Aspekt der Sensibilisierung des eigenen Ethnozentrismus. Dies ist der Ausgangspunkt um einen reflektierten Umgang mit Fremdheitserlebnissen zu ermöglichen (vgl. Nieke 2008, S.79). Wenn die Mehrheitsgesellschaft die zugwanderten Minoritäten akzeptiert muss sie diesen gänzliche Entfaltungsmöglichkeiten eingestehen. In beispielsweise Österreich würde das vermehrte Artikulationsmöglichkeiten für Minoritäten bedeuten.

5.Thematisieren von Rassismus

Rassismus und Fremdenfeindlichkeit sind gesellschaftliche Probleme die unter der pädagogischen Absicht das Unhaltbare deutlich zu machen, thematisiert werden müssen. Angefangen bei Kindern sollten Hintergründe und Entstehungsgründe beleuchtet werden und ein Bewusstmachen der Gleichheit aller Menschen geschaffen werden (vgl. Nieke 2007, S. 82). Auf die Frage wie man Ablehnung gegenüber Zuwanderern in der Gesellschaft entgegenwirken geht in einem Interview als Lösungsansatz die Sensibilisierung der allgemeinen Menschenrechte hervor (vgl. Interview 4) Aus der Zielsetzung sowie aus dem Interview gehen klare Anweisungen an die Bildungspolitik und Öffentlichkeit hervor. Rassismus muss unter anderem anhand der Sensibilisierung der Menschrechte entgegengewirkt werden.

6.Das Gemeinsame betonen, gegen die Gefahr des Ethnizismus

Um der Gefahr jedes Individuums zu einem festgefrorenen Kulturkreis zuzuordnen, sollte prinzipiell das Gemeinsame betont werden. Besonderheiten jeweiliger Kulturen sollen durch allgemeine Gemeinsamkeiten ersetzt und hervorgehoben werden. Wahrnehmungen und Erlebnisse von Konkurrenz und Befremdung werden demnach so aufgegriffen dass diese über das Sichtbarmachen von Gemeinsamkeiten reflektiert werden. Damit verbunden ist das Ziel Befremdung und Konkurrenzdenken abzubauen (vgl. Nieke 2008, S.83f). Prinzipiell sollte die Betrachtung von Individuen und deren Kultur nicht als Einbahnstraße gedacht werden. Wie das später in dieser Arbeit aufgegriffene Konzept der Transnationalität neue Perspektiven auf dieses Thema wirft, ist Identifikation ein ständiger Prozess. Es gibt „kein entweder oder" viel mehr ein „sowohl als auch". Mit diesem Blick kann man leichter Gemeinsamkeiten hervorbringen ohne das "besondere" an Kulturen zu betonen. Ein Interviewteilnehmer bestimmt das Suchen nach einem Konsens zwischen unterschiedlichen Kulturkreisen als Möglichkeit für ein friedliches Zusammenleben.

Daraus ergibt sich die Bedeutung der Vermittlung von Gemeinsamkeiten und dem Suchen nach einem Konsens für den Zusammenhalt einer Gesellschaft.

7.Ermuntern zur Solidarität; Berücksichtigen der asymmetrischen Situation zwischen Mehrheit und Minoritäten

Ermuntern zur Solidarität zwischen Mehrheit und Minderheit um die Rechte der Minderheiten zu stärken. Voraussetzung für das Unterstützen von Minderheiten ist die Toleranz des Anderssein (vgl. Nieke 2008, S. 84).

8.Einüben in Formen vernünftiger Konfliktbewältigung – Umgehen mit Kulturkonflikt und Kulturrelativismus

Ein durchaus schwieriges Feld der interkulturellen Erziehung ergibt sich im Umgang mit Kulturkonflikten. Die Annahme dass alle Kulturen als gleichwertig anzusehen sind, ist in der Praxis nicht durchzuhalten. Zur Lösung von kulturbedingten Konflikten ist es wichtig den Sachbestand von allen Seiten zu beleuchten und die Entscheidung und deren Rechtfertigung aufgrund ihrer Folgen und den Folgen von Alternativlösungen so zu vermitteln dass sie für alle nachvollziehbar scheint (vgl. Nieke 2008, S. 84f). In Situationen in denen es aufgrund unterschiedlicher Denk-und Wertstrukturen zu Konflikten kommt ist es wichtig den Sachverhalt genau darzustellen. In erster Linie muss einerseits das Gesetz beachtet werden und andererseits ethische Prinzipien überlegt werden. In schwierigen Situationen können beispielweise Gedankenexperimente ausgeführt werden. Idealerweise würde es zu folgender Frage kommen „ist es aus einer Metaebene gesehen gerecht wenn ich so und so Menschen gegenüber handle?"(vgl. Interview 3). Eine Metaebene zu erreichen würde bedeuten unterschiedliche Denk-und Wertstrukturen aufzulösen und eine Ebene zu erreichen wo grundsätzliche Prinzipien ethisches Handeln definiert und hinterfragt werden.

9.Aufmerksamwerden auf Möglichkeiten gegenseitiger kultureller Bereicherung

Derzeit existiert eine Asymmetrie in der kulturellen Bereicherung zwischen Mehrheits- und Minderheitskulturen. Ein Grundgedanke der interkulturellen Erziehung betrachtet die gegenseitige kulturelle Einflussnahme sowie den interkulturellen Austausch als Bereicherung (vgl. Nieke 2007, S. 87). Prinzipiell soll das Zusammentreffen von Individuen unterschiedlicher Kulturen als Bereicherung wahrgenommen werden. Durch unterschiedliche Denk- und Wertstrukturen ergeben sich neue Betrachtungsweisen welche in der Wirtschaft, Bildung, Kunst etc. von Bedeutung sein können. Eine Interviewpartnerin unterstreicht diesen Ansatz mit der Überzeugung, dass unterschiedliche Denk- und Wertegrundlagen mit kreativen Ideen einhergehen können.

10.Thematisieren der Wir-Identität: Aufheben der Wir-Grenze in globaler Verantwortung oder Affirmation universaler Humanität?

Als Wir-Identität wird in Anlehnung an Erikson die Vorstellung über die eigene Zugehörigkeit zu einer Gruppe gesehen. Das Schaffen einer Wir- Identität erzeugt einen Raum in der sich Individuen unterschiedlicher Kulturen frei entfalten können. Das Bewusstmachen einer Welt kann Toleranz gegenüber Anderen fördern und ein globales verantwortungsbewusstes Handeln hervorbringen. Nach dieser Leitidee ist es Aufgabe der interkulturellen Erziehung dazu beizutragen in den Köpfen der Menschen eine gemeinsame Welt entstehen zu lassen (vgl. Nieke 2007, S. 87ff). Wie kann man globales Verantwortungsbewusstsein sensibilisieren? Global zu denken sollte Bestandteil des alltäglichen Lebens werden. In der Politik, den Medien, in der Schule, der Arbeitswelt und in der Familie muss dieses thematisiert werden um notwendige Veränderungen herbeizuführen. In Anbetracht der globalen Erwärmung und des Überkonsums in privilegierten Ländern sowie der Hungersnöte, Naturkatastrophen und Flüchtlingsströme in den Ländern des Südens wird deutlich dass ein verantwortungsvoller Umgang mit der Umwelt und dem menschlichen Leben notwendig ist um ein globales Verantwortungsbewusstseins schaffen zu können.

2.3. Interkulturelle Kompetenz

Nach Georg Auernheimer sind die Leitgedanken der interkulturellen Pädagogik die Haltung von Respekt für Anderssein und die damit einhergehende Gleichheit aller Menschen ungeachtet deren Kultur oder Lebenswelt und die Befähigung zum interkulturellen Verstehen sowie die Befähigung zum interkulturellen Dialog. (Mecheril/ Kapalka 2010, S.2). Edith Broszinsky- Schwabe beschreibt interkulturelle Kompetenz als „die Fähigkeit, mit Menschen aus anderen Kulturen konfliktfrei zu kommunizieren und sie auf der Grundlage ihres Wertesystems zu verstehen"(Broszinksy-Schwabe 2011, S.216). Anzumerken ist dass Kultur im Sinne dieser Arbeit angelehnt an Nieke, begriffen wird als die kollektive Einheit der Deutungsmuster einer Lebenswelt und deren materielle Manifestationen (Nieke 2008, S.49). Daraus schließend wird Broszinsky-Schwabes Defintion der interkulturellen Kompetenz verstanden als den konfliktfreien Umgang mit Menschen unterschiedlicher Lebenswelten. In dieser Weise steht interkulturelle Kompetenz nicht zwangsweise im Zusammenhang mit Migration.

Interkulturelle Kompetenz ist durch die Aneignung von neuen Wissen und Handlungsstrategien erlernbar. Doch was muss gegeben sein oder erlernt werden um nachhaltig interkulturell kommunizieren zu können? Die Kulturwissenschaftlerin Broszinsky-Schwabe definiert hierbei drei wesentliche Faktoren als Ausgangspunkt konfliktfreier Kommunikation. Als ersten Grundfaktor definiert Sie ein grundlegendes Wissen über Gesellschaften, Kulturen und Religionen und deren Wirkungsräume. Darüber hinaus bedarf es einer Reflexion der eigenen Kultur sowie der bewussten Betrachtung der eigenen Denk- und Wertsysteme als Produkt angehöriger Kultur(en). Basis der Eigenkultur-, sowie der Fremdkulturbetrachtung ist immer das Bewusstsein jede Kultur als gleichwertig wahrzunehmen. Ferner steht der Erwerb spezieller Fähigkeiten für das kompetente Handeln in interkulturellen Situationen im Vordergrund (vgl. Broszinksy- Schwabe 2011, 217f). Hinz- Rommel fasst diese Fähigkeiten mit den Begriffen Interaktionsfreudigkeit, eigenkulturelles Bewusstsein, der Fähigkeit Widersprüche zu ertragen und Empathie zusammen (vgl. Mecheril/ Kalpaka, 2010, S.3). Im Sinne dieser Arbeit ist es wichtig hervorzuheben dass interkulturelle Kompetenz nicht als Sonderkonzept sondern vielmehr als allgemeines Konzept verstanden wird. Berufend auf Niekes Kultur und Lebensweltbegriff spielt Interkulturalität auch jenseits von Migration eine Rolle. Um die Perspektive auf die interkulturelle Kompetenz ganzheitlicher auszuleuchten stellt sich in Anlehnung an Oliver Eß die Frage was passiert wenn man den Fokus vom Verstehen anderer Denk- und Wertesysteme auf das Verstehen der eigenen Identität legt? Aus dieser Betrachtungsweise ergibt sich dass interkulturelle Kompetenz letztendlich auch das andere als zentralen Widerpart des permanenten Identitätsprozesses beinhalten soll (vgl. Eß 2010, S.14). Interkulturelle Pädagogik kommt ohne die Beschäftigung der eigenen Identität nicht aus. Hierbei wird Identität als Prozess und als eine Art tägliches Basteln begriffen. *„Das Eigene ist nicht mehr das schicksalhaft Eigene, man muss sich entscheiden, was das Eigene sein soll. (..)Die Bastelidentität, die sich der äußeren, zuhanden befindlichen Materialien und Accessoires bedient, ist als* *einzige Identität möglich, und die Bastelei an sich selbst findet niemals ein Ende"* (Prisching 2012, S.5).

Daraus ergibt sich eine Weiterführung der oben erwähnten Faktoren konfliktfreier Kommunikation als Basis interkultureller Kompetenz. In dieser Weise soll ein grundlegendes Wissen über Identitätsprozesse, das Bewusstwerden der Bastelidentitäten sowie eine Reflexion dieser Vorgänge als Ausgangspunkte interkultureller Kompetenz gesehen werden.

2.4. Internationale Erziehung

"Die Bildung soll auf die volle Entfaltung der menschlichen Persönlichkeit und auf die Stärkung der Achtung der Menschenrechte und Grundfreiheiten gerichtet sein. Sie soll Verständnis, Toleranz und Freundschaft zwischen allen Völkern und allen rassischen oder religiösen Gruppen fördern und die Tätigkeit der Vereinten Nationen zur Aufrechterhaltung des Friedens unterstützen "(Charta UN Artikel 26, Abs 2).

Die Mitgliedstaaten der UNESCO haben die Empfehlungen zur internationalen Erziehung am 19 November 1974 einstimmig angenommen. Aus dem Präambel gehen bereits die wesentlichsten Botschaften hervor: die Förderung der internationalen Verständigung, der Zusammenarbeit, des Friedens in der Welt und der Achtung der Menschenrechte und Grundfreiheiten (Unesco o.A.). Insbesondere in moderner Zeit, in der Nähe und Distanz durch neue Informations- und Kommunikationstechnologien in einem anderem Kontext stehen als bisher, verkörpert das Konzept zur internationalen Erziehung einen bedeutenden Lösungsansatz gegenwärtigen Probleme. Einerseits nimmt durch eine internationale Verständigung die als Sprachrohr für alle Menschen fungiert die Toleranz gegenüber anderen Völkergruppen und Kulturen zu. Andererseits wird ein globales Verantwortungsbewusstsein durch globales Denken gefördert.

Nach Herman Röhrs verkörpert die internationale Erziehung einer der wichtigsten pädagogischen Aufgabenbereiche. (Röhrs 1971, S.47). Das Grundprinzip stellt Bildung in den Kontext Verständnis, Toleranz und Freundschaft unter allen Menschen zu lehren Ziel ist es jedem Einzelnen daran teilhaben zu lassen und internationale Solidarität als, Vorstufe zur Lösung der Weltprobleme welche das Ausüben der Grundrechte und Freiheiten beeinträchtigen, zu betrachten. So gilt es nach der UNESCO Empfehlung zur internationalen Erziehung Bestimmungen zur Förderung einer globalen Welthaltung in die Bildungspolitik einfließen zu lassen. Internationale Erziehung sollte einerseits dazu dienen Eigenschaften, Grundeinstellungen und Fähigkeiten zu fördern die es ermöglichen nationale und internationale Probleme kritisch zu reflektieren und andererseits eine Sensibilisierung für die Beachtung des Prinzips der Gleichheit aller Menschen zu ermöglichen (vgl. Unesco o.A) Für genauere Erläuterungen zu den jeweiligen Grundprinzipien wird auf den von Unesco herausgegebenen Artikel „Empfehlung zur internationalen Erziehung" hingewiesen.

2.5. Fazit Friedenspädagogik, interkulturelle Erziehung und internationale Erziehung

Die interkulturelle Erziehung zeigt Handlungsfelder und Herausforderungen zur Etablierung einer chancengerechten Gesellschaft auf. Umzusetzen sind die konkreten Zielsetzungen in Bildungsinstitutionen sowie im poltisch-öffentlichen Raum. In Bezug auf die Fragestellung dieser Arbeit, inwiefern Friedenspädagogik zur einer erhöhten Akzeptanz von Asylsuchenden und MigrantInnen beitragen kann lässt sich folgendes festhalten. Um einen wirksamen Beitrag zu einer Gesellschaft leisten zu können, in der jedes Individuum gleichermaßen partizipieren und sich entfalten kann, müssen alle Akteure des gesellschaftlichen Lebens mitziehen. Das Grundlegen von Toleranz und das Thematisieren von Ethnozentrismus nehmen unter anderem konkreten Einfluss auf die Entstehung von Rassismus und Diskriminierung.

Die Zielsetzungen der interkulturellen Erziehung verlangen einerseits nach Rahmenbedingungen welche ein friedliches und gleichberechtigtes Zusammenleben aller Individuen ermöglichen. Andererseits gilt es die Gesellschaft auf Rechte und Prinzipien der Demokratie zu sensibilisieren und das Individuum im Umgang mit Fremden zu unterstützen.

3.   Migration und Entwicklung

Mit dem Begriff Migration gehen unterschiedliche Konzepte und Bestimmungen einher. Traditionell wurde mit Migration die Idee dauerhaft an einen anderem Ort zu leben verbunden. Das Wort hat seinen Ursprung im lateinischen Begriff migrare, übersetzt bedeutet migrare wandern (vgl. Duden 2014). Bestimmen lässt sich Migration somit als Kategorie eines allgemeinen Konzepts der Wanderung. Jenes ist geprägt von   einer Vielfalt an Motiven, Ausprägungsformen und Zielen (vgl. Bayer 2003, S.1). Dennoch lässt sich unter anderem zwischen regionaler/ internationaler und freiwilliger/ unfreiwilliger Migration unterscheiden. Anzumerken ist jedoch dass die Unterscheidung zwischen freiwilliger und unfreiwilliger Migration keine klare Angelegenheit ist. Ziel des Beitrags ist es aktuelle Trends in der Migrationsforschung darzustellen und auf positive Aspekte von Migration einzugehen. Anschließend werden Formen des Zugangs mit Zuwanderern und die allgemeine Wahrnehmung von Fremde umrissen. Aufgrund eines Zeitmangels kann das Konzept des *brain gains* nur in aller Kürze behandelt werden, für eine genauere Darstellung wird auf den Text Migration und Entwicklung- Eine Neuorientierung der EU im 21 Jahrhundert von Uwe Hunger verwiesen.

Erst zu Beginn des 21 Jahrhunderts positionierte sich neben der Theorie *brain drain* das Konzept *brain gain*. Das Konzept *brain drain* ging davon aus, dass die Migration von Hochqualifizierten Menschen aus Entwicklungsländer in Industrieländer negative Folgen für die Entwicklungsländer nach sich zieht. Meldungen der Weltbank dass die Rücküberweisungen der MigrantInnen in ihre Herkunftsländer die öffentlichen Entwicklungshilfegelder deutlich überschritten haben, waren besonders ausschlaggebend für ein Umdenken und die *brain gain* Theorie. Migration bekam eine neue Perspektive. Brain Gain verfolgt den Gedanken dass durch Migration neue Netzwerke, Verbindungen, und Märkte entstehen und demnach eine Entwicklung durch Migration ermöglicht werden kann. Neben den immens gestiegenen Rücküberweisungen gab es andere positive Effekte zu verzeichnen. Es wurde beobachtet dass einst ausgewanderte Eliten wieder zurück in ihre Heimatländer kehrten und dort nicht selten aktiv an Entwicklungsprozessen beteiligt waren. Ferner wurde festgestellt dass Migration einen zunehmenden Technologie- und Wissenstransfer ermöglichen kann (vgl. Hunger 2011, S.151f). Was bedeutet das nun , was kann Migration erreichen? Studien haben belegt dass der wirtschaftliche Aufschwung Indiens sehr stark mit der Rückwanderung von ehemals ausgewanderten ExpertInnen zusammenhängt. Daher stellt sich die Frage ob die Entwicklung Indiens zu einer der größten Volkswirtschaften ohne der vorausgegangenen Auswanderung von ExpertInnen und der erfolgreichen Etablierung dieser im Ausland möglich gewesen wäre. Denn der Einfluss der Non- Resident Indians geht über Unternehmungsgründungen hinaus. Absatzwege wurden geschlossen, Investitionen wurden eingetrieben und rechtliche und ökonomische Strukturen wurden modernisiert. Positive Effekte von Migration waren auch im gesellschaftlichen Leben erkennbar. Beispielsweise wurde das Kastenwesen von ehemals emigrierten ExpertInnen kritisiert und die Rolle der Frau und der Erziehungsstil wurden hinterfragt. Indien hat das Potenzial von Migration erkannt und fördert derzeit einerseits Migration und andererseits die Rückkehr der ausgewanderten MigrantInnen. Nach indischem Vorbild nimmt auch Afrika das Potenzial von Migration wahr. Überall auf dem Kontinent bilden sich Netzwerke um eine Zusammenarbeit mit der afrikanischen Diaspora zu stärken (vgl. Hunger 2011, S.153ff). Betrachtet man die Europäische Union (EU) und deren Programme lässt sich folgendes feststellen. Obwohl die meisten Programme Hinweise auf die Potenziale von Migration beinhalten verfolgen sie das Ziel Migration insbesondere aus Afrika zu verhindern oder mindern. Daraus schließend wird Migration in der EU noch immer hauptsächlich als Bedrohung wahrgenommen. Die wirtschaftlichen und politischen Potenziale die Migration und intensive Migrationsbeziehungen mit sich ziehen können werden kaum wahrgenommen oder umgesetzt. Die Blue-Card-Initiative stellt hier eher eine Ausnahme dar. Ziel dieser Initiative ist es Hoch-Qualifizierte Menschen aus Drittstaaten in die EU aufzunehmen. Gleichwohl weisen die einzelnen Bestimmungen wiederum einige Hürden auf. Festhalten lässt sich im Übrigen die Etablierung des *Brain Gain* Konzeptes in einigen Weltregionen.

Grundvorrausetzungen eines *brain gains-* von dem sowohl Herkunfts- als auch Auswanderungsland profitieren können –sind die in der Regel bewährten Kriterien der Langfristigkeit und der Freiwilligkeit der Prozesse.

Das Konzept *brain gain* hat sich bereits in mehreren Ländern erfolgreich bewiesen. Der Ansatz zeigt neue Facetten von Migration. Bedeutend für diese Arbeit ist es Migration aus seinem oft negativ behafteten Zusammenhang in einen positiven umzukehren. Denn wenn Migration per se ein Potenzial zugeschrieben wird würde die Angst vor ihr verringert werden und möglicherweise würde dies zu einer erhöhten Akzeptanz von MigrantInnen und Asylsuchenden in der Gesellschaft führen. Später in dieser Arbeit werden Aspekte österreichischer Politik analysiert und Alternativen anhand des *Brain Gain* Konzeptes dargestellt. Ein weiterer Trend in der Migrationsforschung ist das Konzept der transnationalen Migration auf welches nun eingegangen wird.

3.1. Konzept der Transnationalisierung

Der Begriff der Transnationalität geht aus der Migrationsforschung hervor und beschreibt eine neue Perspektive der Migration. In der früheren Migrationsforschung überwiegte die Vorstellung Sesshaftigkeit als Normalzustand und Migration als wurde als Unterbrechung dieser Sesshaftigkeit betrachten. Das Konzept der Transnationalisierung überwindet diese Vorstellung mit dem Leitgedanken einer durch Mobilität geprägten Lebenswirklichkeit (vgl. Fürstenau 2004, S.34). Ferner geht das Konzept nicht mehr davon aus, dass Migration im Sinne eines simplen Auswandern von einem Land ins andere geschieht. Vielmehr pendeln TransmigrantInnen zwischen Heimat-, und Ankunftsland hin und her oder ziehen eventuell auch weiter. Bedeutend sind vor allem auch die durch neue Kommunikations- und Informationstechnologien ermöglichten Wege der Vernetzung von MigrantInnen und Personen aus dem Heimatland. Ein ständiger Austausch wird auf mehreren Ebenen ermöglicht. Das Konzept der Transnationalität erweitert die Perspektive und überwindet die Normalvorstellung von Sesshaftigkeit und

Migration. (vgl. Gräfe / Wrulich 2013, S.31ff). Um dies exemplarisch darzustellen wird auf kurz die Entstehungsgeschichte des Gerichtes „chicken tikka masala" eingegangen. Dieses entstand in England als eine indische oder bangladesische Köchin ihr Nationalgericht auf den Wunsch eines britischen Kunden abstimmte und das indische Chicken tikka mit einer Masala Soße verfeinerte, da Engländer traditionell Soße zum Fleisch essen (vgl. Wikipedia 2013). Das Gericht ist nun nicht nur in England sondern auch in Indien verbreitet. Dieses Beispiel verkörpert Transnationalität im Sinne einer Wechselseitigkeit der Kulturen und einer verschwindenden klaren Zuschreibung, bei der es gibt „kein entweder oder" sondern nur ein „sowohl als auch" gibt. Wie das Gericht Chicken tikka masala weder eindeutig indisch noch englisch ist so ist ein/e TransmigrantIn nicht eindeutig in ihrem/ seinem Heimatland noch in ihrem/seinem Auswanderungsland beheimatet.

Transnationalität verweist somit auf neue Formen der Vergemein- und Vergesellschaftung. Darüberhinaus geht ein Perspektivwechsel auf der Ebene der Identifikation von Menschen einher. TransmigrantInnen befinden sich in einem permanenten Prozess der Zugehörigkeit und Abgrenzung welche nationale Grenzen überschreiten. Derart stellt Identifikation einen dynamischen Prozess dar welcher uns letztendlich zu dem Konzept der hybriden Identitäten führt. Hall beschreibt die Entstehung der hybriden Identitäten wie flogt: „Solche Menschen erhalten starke Bindungen zu den Orten ihrer Herkunft und zu ihren Traditionen, jedoch ohne die Illusion, zur Vergangenheit zurückkehren zu können. Sie sind gezwungen, mit den Kulturen, in denen sie leben, zurechtzukommen, ohne sich einfach zu assimilieren und ihre eigenen Identitäten vollständig zu verlieren. Sie tragen die Spuren besonderer Kulturen, Traditionen, Sprachen und Geschichten, durch die sie geprägt wurden, mit sich. Der Unterschied ist, daß sie nicht einheitlich sind und sich auch nie im alten Sinne vereinheitlichen lassen wollen, weil sie unwiderruflich das Produkt mehrerer ineinandergreifender Geschichten und Kulturen sind und zu ein und der- selben Zeit mehreren ‚Heimaten' und nicht nur einer besonderen Heimat angehören (Fürstenau zit. Hall 2004, S.36)".

Die Erziehungswissenschaftler Robert Gräfe und Anja Wrulich betrachten Transnationalisierung als sensibilisierendes Konzept für die Soziale Arbeit und als Anregungsstoff der Diskussion über Fremdheit und den Umgang mit Fremdheit. Besonders der zweite Punkt, der Umgang mit Fremden soll näher dargestellt werden, da er im Sinne dieser Arbeit neue Perspektiven ermöglicht. Mit der Zunahme mobiler Lebensformen geht eine Neubestimmung von Vertrauten und Fremden einher. Beides muss in neuen Relationen gedacht werden. Fremdheitserfahrungen werden zum Bestandteil des alltäglichen Lebens, derart kann Fremdes im nächsten Supermarkt, vor der eigenen Haustür, in der Familie sowie in den medialen Berichterstattungen auftauchen. Die alltägliche Präsenz des Fremden führt nach Schroer zu einer Universalisierung der Fremdheit. Sobald Fremdes als Teil einer bestehenden Ordnung wahrgenommen wird, dringt es nicht mehr permanent ins Bewusstsein. Demnach eröffnet die „transnationale Brille" eine Herangehensweise an Fremdes, welche weg von einer Problemorientierung hin zu einer differenzierten Betrachtungsweise führt. Gräfe und Wrulich betrachten die „transnationale Brille" als Konzept um in der Sozialen Arbeit lebensweltorietiert handeln zu können (Gräfe/ Wrulich 2013, S.31ff). Ziel dieses Beitrags geht darüber hinaus und stellt Transnationalisierung sowie die damit verbundene Neuorientierung des Fremden und des Vertrauten als Möglichkeit zur Steigerung der Akzeptanz von Asylsuchenden und MigrantInnen in der Gesellschaft dar. Eine aus dem Konzept der Transnationalisierung abgeleitete Forderung an die österreichische Politik ist die Einführung von Doppelstaatsbürgerschaften. Dies könnte zu einem effektiven Umdenken in der Gesellschaft führen.

3.2. Gedanken zu Migration

In der qualitativen Forschung dieser Arbeit wurden 5 TeilnehmerInnen ausgewählter Lehrveranstaltungen mittels Interviewleitfaden befragt. Eine der Forschungsfrage war unter anderem wie die Befragten Migration wahrnehmen und ob sich durch den Besuch der jeweiligen Lehrveranstaltungen ihre Wahrnehmung verändert hat. Die Fragen wurden meist sehr offen gestellt, um unter anderem untersuchen zu können, welche spontanen Gedanken die Befragten hervorbringen. Eine Frage die bei vier Interviews eine bedeutende Rolle gespielt hat lautete: Was fällt dir zum Thema Migration ein? Zweimal wurde diese Frage sofort beantwortet und zwei weitere male folgte nach einer Pause beziehungsweise einem Lachen eine Gegenfrage. Daraus lässt sich auf eine mögliche Unsicherheit der Befragten in Bezug auf das Thema Migration schließen. Die Antworten der Befragten lassen sich in folgende Kategorien einordnen: Drei der Befragten antworteten auf die Frage mit Problemen die ihnen dazu einfielen und eine Teilnehmerin griff auf eine Definition möglicher Migrationsgründe zurück. Zudem wurde in einem Interview nach der Wahrnehmung der heutigen Migrationsgesellschaft gefragt. Idem geht hervor dass das die Wahrnehmung der heutigen Migrationsgesellschaft geprägt von Ausschluss, Diskriminierung und Machtstrukturen ist. Klarer Rückschluss aus den Interviews ist, dass vier von fünf Befragten zum Thema Migration an erster Stelle Probleme aufzählten. Dementsprechend lässt sich eine überwiegend negative Wahrnehmung von Migration feststellen. Dies ist sicherlich auf eine allgemein negative Herangehensweise der österreichischen und europäischen Politik an das Thema Migration zurückzuführen. Eine zunehmende Orientierung an positiven Aspekten von Migration könnte dem entgegenwirken.

Des weiteren wurde untersucht welchen Stellenwert der Diskurs und die Inhalte der Migration haben. Anzumerken ist, dass nur drei der fünf Befragten dazu Stellung genommen haben, da in einer Lehrveranstaltung (Angewandte Ethik) nicht direkt auf die Migrationsthematik Bezug genommen wurde. Die Thematik Migration und der Diskurs darüber haben für alle Befragten einen hohen Stellenwert. Darüberhinaus wurde nach den Auswirkungen der Lehrveranstaltung auf das alltägliche Handeln der TN gefragt. Aus der Studie geht hervor, dass die Lehrveranstaltungen eine Sensibilisierung für das Thema Migration, eine Steigerung der Selbstreflexion und eine theoretische Fundierung hervorbrachten. Im alltäglichen Leben wurden die Teilnehmer unter anderem dazu angeregt Gedankenexperimente durchzuführen, sich in Gesprächen über Migration in der Öffentlichkeit einzubringen und durch die theoretische Fundierung Diskussionen souveräner zu führen.

Darüber hinaus war eine Hypothese dass sich durch friedenspädagogische Inhalte die Einstellung der TN zu Asylsuchenden und MigrantInnen verändern kann. Aus einem Interview resultiert dass sich durch den Besuch der Lehrveranstaltung Migrationsgesellschaft die Einstellung zu Flüchtlingen durch die Reflexion der helfenden Funktion verändert hat. Die Teilnehmerin ist nun der Überzeugung dass Partizipation und Mitbestimmung viel wichtiger sind als Mitleid.

Bei drei Befragten hat sich keine Einflussnahme ergeben, da die Befragten meinten bereits eine ähnliche Einstellung vor der Teilnahme der Lehrveranstaltung gehabt zu haben und dass diese lediglich gefestigt wurde. Daraus resultiert, dass der Besuch der Lehrveranstaltungen die Inhalte der Friedenspädagogik enthalten, Einstellungen zu Asylsuchenden oder MigrantInnen verstärken und neue Perspektiven eröffnen.

Ferner wurden drei TN gefragt wo sie ansetzen würden um die von Ihnen genannten Probleme zu lösen bzw. was ihre Vorstellung von einer idealen Gesellschaft ist. Aus einem Interview ging die große Bedeutung der öffentlich wirksamen Herangehensweise von Migration und eines sachlichen Diskurses hervor. Darüberhinaus wurde das Staatssekretariat für Integration mit dem derzeitigen Minister Sebastian Kurz als erster Schritt in die richtige Richtung definiert. Ebenfalls wurde die Einführung der Lerncafés gelobt. In einem anderen Interview wurde die Sensibilisierung für Menschenrechte als Ansatzpunkt um vor allem Diskriminierung entgegenzuwirken angesprochen. Eine Befragte erzählte ihre Gedanken zur heutigen Migrationsgesellschaft. Demnach ist diese geprägt von Barrieren und Diskriminierung. Darüber hinaus wird Vielfalt als noch nicht in der österreichischen Gesellschaft verinnerlicht betrachtet.

3.3. Wahrnehmung von Fremde

Soziologische Studien haben ergeben, dass es zwei unterschiedliche Grundhaltungen zu Fremden gibt. Diese Grundhaltungen sind wie schon in der theoretischen Abhandlung dargestellt nicht genetisch bedingt, sondern ein Resultat individueller Erfahrungen. PsychologInnen gehen davon aus, dass Menschen einerseits ängstlich und ablehnend gegenüber dem Fremden stehen oder aufgrund biographischer Assoziationen euphorische Erwartungen gegenüber dem Fremden haben. Der Ethnopsychologe Mario Erdheim führte den Gedanken weiter aus und definiert zwei konkrete Haltungen zum Fremden. Wie da wären der Exotismus als Form der Bejahung des Fremden und die Xenophobie als Form der Angst vor dem Fremden (vgl. Brozinsky-Schwabe 2011,S.205). Einen zentralen Punkt im Sinne der Friedenspädagogik ist der biographische Bezug der als Ausgangspunkt für Euphorie oder Neugier dient. Zentrale Forderungen der interkulturellen Erziehung sind die Einbindung und die Präsenz verschiedener Kulturen und Lebenswelten in den Bildungsbereich und den politisch-öffentlichen Raum.

Nach der Kulturwissenschaftlerin Brozinksy-Schwabe haben Stereotype drei gesellschaftliche Funktionen. Eine Funktion ergibt sich in der Aufwertung des Selbstbildes durch die Unterscheidung zur Fremdgruppe. Der nächste Zweck von Stereotypen ergibt sich in der Schuldzuweisung für Missstände oder der Rechtfertigung geplanter Handlungen. Zu letzt werden Stereotypen die Funktion unerwünschte Ereignisse und Entwicklungen in der Gesellschaft mit der Anwesenheit und dem Handeln von Fremdgruppen zu erklären, zugeordnet (vgl. Brozinsky-Schwabe 2011,S.205). Eine Gefahr ergibt sich daraus, dass die Stereotypisierung sozialer Gruppen kollektive Gewalt nach sich ziehen kann. Ein aktuelles Beispiel wäre die Aussage: „Alle Muslime sind gefährlich, denn es gibt islamistische Terroristen" Hier könnten eine objektiv geschaffene Informationsbasis sowie das Grundlegen von Toleranz und das Thematisieren von Rassismus und Fremdenfeindlichkeit dazu beitragen die Gefahren von Stereotypisierungen zu schwächen. Da schon der Begriff „stereo typos" das Starre und Festgefrorene betont (vgl. ebd., S. 204ff), ist es nicht realisierbar Stereotype gänzlich abzubauen. Daraus ergibt sich die wesentliche Aufgabe den reflektierten Umgang damit zu lehren, insbesondere durch die interkulturelle Erziehung. Dies sollte jedoch nicht nur Ziel von Bildungsinstitutionen sondern auch im öffentlichen Raum thematisiert werden.

3.4. Vier Formen des Umgangs mit Zuwanderern

In kaum einer Nation wurden oder werden Zuwanderer freundlich aufgenommen. Bei vorübergehenden Besuchern ist dies anders. Aber warum begegnet man Zuwanderern mit Ablehnung? Zuwanderer werden aus drei Gründen als Fremde wahrgenommen: wegen der unbekannten Sprache, der fremden

Kultur und dem anderen Aussehen (Nieke 2007, S.123). Ein gutes Beispiel stellt hier die österreichische Migrationspolitik in den Nachkriegsjahren dar. Nach dem Ende des Zweiten Weltkrieges kamen viele Flüchtlinge nach Österreich. Diese wurden unterteilt in 1)Volksdeutsche 2)fremdsprachige Flüchtlinge. Die Integration von den fremdsprachigen Flüchtlingen wurde konsequent verhindert und im Gegensatz dazu wurden die deutschsprachigen Flüchtlinge dem österreichischen StaatsbürgerInnen gleichgestellt (vgl. Volf 1995, S.13). Daraus lässt sich schließen, dass sobald Zuwanderer eine gemeinsame Eigenschaft mit der Einwanderungsgesellschaft aufweisen, Ihnen automatisch mehr Akzeptanz und Möglichkeiten einräumt werden.

Durch die Betrachtung und den Vergleich des Umgangs seitens der einheimischen Majorität mit Zuwanderern in der Geschichte und der Gegenwart lassen sich vier grundsätzliche Formen unterscheiden:

1) Assimilationszumutung

Die Assimilationszumutung erwartet dass sich Zuwanderer nach spätestens der dritten Generation gänzlich an die Lebenswelt der einheimischen Bevölkerung angepasst haben. Durch die Anpassung an die ansässige Bevölkerung kann Chancengleichheit erreicht werden (vgl. Nieke 2007, S.129). Dieser Ansatz ist zu kritisieren, da Chancengleichheit in Anbetracht auf das Menschrechts Artikels 1 :" *Alle Menschen sind frei und gleich an Würde und Rechten geboren. Sie sind mit Vernunft und Gewissen begabt und sollen einander im Geiste der Brüderlichkeit begegnen.*"(Amnesty international 2009) und wie der Begriff sich selbst bereits erklärt für jeden Menschen ungeachtet seiner

Herkunft, seines Geschlechts oder seiner Lebenswelt gleich sein muss. Der Leitgedanke hinter der Assimilationstheorie ist letztendlich nicht mehr als die Höherstellung der eigenen Kultur und Lebenswelt.

2) Vertreibung/ Vernichtung

Die Vertreibung oder Vernichtung stellt den radikalsten Umgang mit Zuwanderern dar. Gegenwärtig entsprechen Rückkehrhilfen oder Morde von Einheimischen an Zuwanderern (Beispiel Franz Fuchs Bombenattentat auf eine Roma Siedlung) dem selben Schema (vgl. Nieke 2007,S.129)

3) Segregation

Segregation bedeutet eine Abgrenzung der zugewanderten Bevölkerung zu den Einheimischen. Bekannt sind sogenannte „Ghettos" beispielsweise „Roma Siedlungen" wobei die Abgrenzung nicht zwingend örtlich passieren muss. Ein nicht vorhandener Kontakt und das bloße Dulden der Zuwanderer ist ebenso segregativ (vgl. Nieke 2007, S.130).

4) Interkulturelles Leben in einer dauerhaft multikulturellen Gesellschaft

Grundsätzlich möglich und Ziel der interkulturellen Gesellschaft ist die gleichberechtigte Aufnahme der Zuwanderer. Überall auf der Welt entwickeln sich multikulturelle Gesellschaften, das Zusammenleben verschiedener Kulturen als wertvoll erachten. Um dies zu ermöglichen bedarf es einer Änderung der Deutungsmuster über die eigene Gesellschaft (vgl. Nieke 2007,

S.132). Die bereits im theoretisch abgehandelten interkulturellen Zielsetzungen streben exakt nach dieser Form des Zusammenlebens.

3.5. Fazit Migration und Entwicklung

Zusammenfassend lässt sich sagen, dass Migration in Österreich sehr negativ behaftet ist. Letztendlich bestätigen die Interviews, dass in der Bevölkerung eine überwiegend negative Wahrnehmung von Migration zu verzeichnen ist. Das *brain gain* Konzept eröffnet eine neue Perspektive der Migration die mit Entwicklung einhergeht. Das oben genannte Beispiel der indischen Migrationspolitik zeigt, dass Migration auch gefördert und als Potenzial anerkannt werden kann. Ein Paradigmenwechsel der österreichischen bzw. der europäischen Politik könnte auch Folgewirkungen auf gesellschaftliche Denk- und Wertestrukturen mit sich ziehen. Durch positive Assoziationen zu Migration und durchbeispielsweise die Einführung der Doppelstaatsbürgerschaft in Österreich könnten Wahrnehmungen verändert und Akzeptanz für eine interkulturelle Gesellschaft gefördert werden.

4. Interkulturelle Integration und Medien

Interkulturelle Integration setzt sich einerseits aus dem Recht eines jeden Menschen auf eine eigene kulturelle Identität und andererseits aus der Toleranz und der Akzeptanz anderer kultureller Identitäten zusammen. Grundgedanke dabei ist, dass kulturelle Vielfalt dem Integrationsprozess nicht schadet sondern ihn stärkt (vgl. Wolf 2011, S.51f). dieser Weise Falls Massenmedien die Möglichkeit auf den Integrationsprozess einzuwirken, zugesprochen wird, stellt dies eine gesellschaftlich verantwortungsvolle Aufgabe dar (ebd,. 2007, S.63).

4.1. Medialer Wirkungsbereich im Betracht auf den Integrations-prozess

Massenmedien werden fördernde Aufgaben in Betracht auf den Integrationsprozess zugesprochen obwohl ein signifikanter Erfolg noch nicht belegt werden konnte. Dennoch ergibt sich die Frage, was vermittelt werden muss um den Integrationsprozess in Richtung interkulturelle Gesellschaft voranzutreiben? (vgl. Vlasic 2012, S. 420/ 426).

Medien beeinflussen das Bild eines Menschen von der Welt und deren Handlungsmöglichkeiten (ebd, S.426) und gelten als offenes Sprachrohr für alle, die etwas sagen wollen (vgl. Wolf 2007, S.67). Ferner geschieht durch neue Medienformen ein wie bereits im Konzept der Transnationalisierung dargestellter Wandel von Nähe und Distanz. Beispielsweise kann einem ein Blogger am anderen Ende der Welt vertrauter sein als der Nachbar. In diesem Sinne eröffnen Medien kulturellen Austausch abseits von face-to-face Kommunikationen und bieten dadurch Möglichkeiten für ein gesellschaftliches Zusammenleben. Die Möglichkeit der Thematisierungsfunktion in den Medien ist besonders für die Wahrnehmung von MigrantInnen und anderen Lebenswelten bedeutend. Was in den Medien Platz für Diskussion und Thematisierung findet, verschwindet auch nicht in der Öffentlichkeit. Wichtig ist, dass eine klare Informationsbasis geschaffen wird. Vor allem Randgruppen der Bevölkerung verfallen ohne Artikulations- und Argumentationshilfe der Medien ins Schweigen und somit noch stärker in den Hintergrund der Gesellschaft (vgl. Wolf 2007, S.68). Medien müssen dennoch darauf achten durch falsche Informationen und durch einseitig geführte Debatten Vorurteile und Fremdheitswahrnehmungen entstehen zu lassen beziehungsweise zu verstärken. Elisabeth Wolf belegt darüberhinaus den Stellenwert der Massenmedien als Hauptinformationsquelle außerhalb des persönlichen Erfahrungsraums (ebda S.70). Das bedeutet im weiteren Sinne, dass neben einer möglichst vielseitigen Berichterstattung auch die Präsenz verschiedener Kulturen und Lebenswelten dazu beitragen würde Assoziationen zwischen unterschiedlichen Kulturen entstehen zu lassen. Wenn der Fokus nicht permanent auf einer Kultur haftet, sondern auch andere Denkstrukturen und Sichtweisen miteinbezogen werden, kann ein globales Denken einhergehen. Auf welche Art und Weise Medien, als Vermittler von Informationen, derzeit auf den Integrationsprozess bzw. dem Integrationsklima Einfluss nehmen wird im Folgenden dargestellt.

4.2. Mediale Berichterstattung

„Die Schaffung von lokalen, regionalen, nationalen oder transnationalen Identitäten geht mit der Festlegung von äußeren und inneren Grenzen, mit Inklusion des „Eigenen" und Exklusion des „Anderen" und „Fremden" einher" (Klaus/ Drüeke 2012, S. 113).

An dieser Stelle, dem Zeichnen von Zugehörigkeiten, haben Medien großen Einfluss auf individuelle Fremdheitswahrnehmungen. Christoph Butterwege bezeichnet die mediale Berichterstattung als ethnisierend. Enthnisierung als ein Exklusionsmechanismus aus dem die Zugehörigen und deren Denk-und Wertestrukturen über dem der Ausgeschlossen gestellt werden (vgl. Butterwege 2008, S.188). Um die Frage in welcher Weise Medien überhaupt das Bild von MigrantInnen beeinflussen können, muss zuerst der Spielraum von Medien aufgezeigt werden. Medien wirken einerseits durch die Vermittlung der direkten Information im weiteren Sinne jedoch haben sie auch die Filterfunktion von Informationen inne. Darüberhinaus besitzen Medien eine große Freizügigkeit was die Art und Weise Informationen zu liefern angeht.

4.3.   Mediale Berichterstattung und Migration

Sucht man auf den Onlineplattformen österreichischer Zeitungen den Begriff Integration kommen vielerlei unterschiedliche Berichte auf. Bei der Onlineplattform der Zeitung Standard ist einer der ersten Suchergebnisse ein Bericht mit der Überschrift „Andere Blicke auf Migration" (Standard 2014) bei der Krone ist das erste Suchergebnis „Integration: Mehrheit der Österreicher zufrieden" (Krone 2013) bei der Zeitung Österreich handeln die ersten Sucherergebnisse rund um den Außenminister Sebastian Kurz, der nach wie vor das Sekretariat für Integration inne hat (Österreich 2014) und bei den Salzburger Nachrichten hat einer der ersten relevanten Suchergebnisse   den Titel   „Wo fremdsprachige Kinder die besseren sind" (Salzburger Nachrichten 2014). Aus dieser durchaus schnellen Recherche lässt sich dennoch die These, über Ausländer wird sehr selten und wenn dann schlecht berichtet (vgl. Butterwegge, S.190), widerlegen. Ferner lässt sich folgende Annahme des österreichischen Integrationsbericht 2013 belegen.

„Der Zeitvergleich belegt zudem eine Aufhellung des Integrationsklimas. Das mag mit der Installierung eines Staatssekretariats für Integration ebenso zusammenhängen wie mit einer positiveren medialen Berichterstattung. Das Bild der gescheiterten Integration ist generell in den Hintergrund getreten" (Integrationsbericht 2013, S.88).

Daraus ergibt sich dass der Blick seitens der Medien auf Integration durchaus ein positiver sein kann. Besonders die

Bedeutung der Einbindung der Medien in den interkulturellen Dialog geht auch aus dem NAP I 2013 hervor (NAP I 2010, S. 35).

Doch auch wenn von einer positiveren Berichterstattung gesprochen kann, gibt es noch viele Ethnitisierungen, Stereotype und Klassifikationen welche durch Medien verbreitet werden. Nationalitäten werden in den Vordergrund gerückt und europäische Kulturen über andere gestellt. Nach Farrokhzad ist trotz vereinzelt differenzierter Haltung zur Thematik Migration ein überwiegendes Negativbild von MigrantInnen in den Medien festzuhalten. Zumindest, so meint Farrokzhad, ist der Blick auf die Einwanderungsgesellschaf in starren Strukturen verhaftet. Insbesondere dass MigrantInnen nicht als selbstverständlicher Teil der Gesellschaft sondern als „versonderlicht" wahrgenommen werden. Hier fällt darüberhinaus die nur teilweise beleuchtete Lebenswelt von MigrantInnen in den Medien auf. So sind überwiegend gesellschaftlich unerwünschte Themen wie Kriminalität und Terrorismus bei der Darstellung von MigrantInnen bevorzugt (Farrokhzad 2006, S.57). Dieses vorherrschende Negativbild wird zudem in den Interviews bestätigt. Aus allen Interviews resultiert eine negative Wahrnehmung der medialen Berichterstattung über Migration. Ein Befragter äußerte sich zu diesem Punkt wie folgt: *„in den Medien wird es halt nur negativ dargestellt radikal nicht sie sind Verbrecher, meine Oma sperrt deswegen ihre Haustüre zu weil sie Angst hat. (Interview 4)"*. In einem anderen Interview geht die von Farrokzhad erwähnte Enthnisierung als Problem in der medialen Berichterstattung und die Forderung einer neutralen Berichterstattung klar hervor. Der Grundgedanke der ferner aus Interview hervor geht kann als Kritik der Differenzierung der

Gruppe der InländerInnen und der Gruppe der *AusländerInnen* interpretiert werden (vgl. Interview 3).

Die überwiegende Zuschreibung von negativen Kontexten belegte zudem Gudrun Hentges, welche Berichte aus dem Spiegel analysierte. Unteranderem nahm sie 16 Artikel über die Thematik Flucht und Asyl unter die Lupe und kam dabei zu folgenden Ergebnis: 10 der Berichte handelte über illegale AsylwerberInnen, drei weitere über die Flüchtlings- und Asylpolitik, die zwei nächsten Berichte standen im Zusammenhand mit dem Zuwanderungsgesetz und der letzte befasste sich mit Flüchtlingen in Afghanistan. Klar erkennen lässt sich die Schwerpunktsetzung aus hervorgeht, dass mediale Darstellungen von Flüchtlingen vermehrt in einem negativen Kontext passieren (Hentges 2006, S.97). Zudem ist von einer Befragten das oft dargestellte Bild des „Überrannt werden" verbunden mit dem Verlust der „eigenen Kultur" hervorgehoben. Außerdem wird die von Medien reproduzierte Zuschreibung der Opferrolle von Flüchtlingen kritisiert. In einem anderen Interview wird als Erklärungsmodell der negativen Repräsentativität von MigrantInnen in den Medien die fehlenden Sprachrohren dieser definiert.

Betrachtet man die anfangs erwähnten Suchergebnisse in österreichischen Zeitungen lässt behaupten dass Migration einen skeptischen Beigeschmack hat. Es scheint als wäre der Gedanke an ein interkulturelles Zusammenleben noch immer mit Zweifel behaftet.

Aus Zeitgründen kann die mediale Darstellung nicht genauer behandelt werden, jedoch soll als Quintessenz folgendes mitgenommen werden. Die medialen Darstellungen der Thematik

Integration und Migration besonders in Österreich bekommen zunehmend ein positives Gesicht. Der Gedanke Integration als Einbahnstraße zu betrachtet wird vermehrt durch ein interkulturelles Zusammenleben ersetzt. Dennoch konstruieren Medien eine Wirklichkeit in der MigrantInnen als getrennter Bestandteil der Gesellschaft betrachtet werden. Die kulturelle Vielfalt als Normalzustand hat noch nicht die größten Auflagen in der Medienlandschaft erreicht. Darüber hinaus ist der Blick auf Migration in den Medien sehr einfältig. Durch die starke Einflussnahme der Medien in der Gesellschaft ergibt sich die Notwendigkeit eines interkulturellen Dialogs in den Medien, um interkulturelles Miteinander gewähren zu können.

4.4. Fazit Interkulturelle Integration und Medien

Interkulturelle Integration wird im Sinne dieser Arbeit als Ziel einer Gesellschaft definiert. Schlagworte für die interkulturelle Integration sind Chancengleichheit, gleichberechtigte Selbstverwirklichungsmöglichkeiten und eine heterogene Gesellschaft als Normalzustand. Ferner ist zu betonen, dass interkulturelle Gesellschaften durch die Anerkennung der Heterogenität der Menschheit weg von einem „Wir" und „Die" und hin zu einer globalen Zugehörigkeit geht. Da das Konzept der interkulturellen Gesellschaft als Ziel gesehen wird, werden die einzelnen Kapitel als Weg zum Ziel verstanden. Daraus resultierend wird am Ende der Arbeit konkreter auf die Begrifflichkeiten und Intentionen der Interkulturalität eingegangen.

Das Potential, welches Medien am Mitwirken des Integrationsprozesses haben, soll an dieser Stelle hervorstechen. Durch die Präsenz verschiedener Kulturellen in den Medien sowie durch eine interkulturelle Besetzung der Medienakteure soll ein Paradigmenwechsel einhergehen. Die Darstellung von Menschen, Kulturen und Gesellschaften als heterogen und vielfältig, die zur Auflösung von schädlichen Ausgrenzungen aufgrund Fremdheitswahrnehmungen führt, stellt ein großes Potenzial der Medien dar. Wie bereits dargestellt lässt sich eine positivere Medienberichterstattung über Migration und Integration festhalten. Jedoch werden nach wie vor Grenzen gezogen und „Besonderheiten" aufgezeigt. Ein interkulturelles Sprachrohr in und mit den Medien könnte falsch dargestellte Bilder und Begriffe aufgreifen.

5. Analyse österreichische Integrationspolitik und Gesellschaft

Anmerkung: chancengleichheit , hochausbebildtete einlocken gegen das prinzip

Der nationale Aktionsplan für Integration (NAP I) bündelt alle integrationspolitischen Maßnahmen von Land, Gemeinden, Städte, SozialpartnerInnen und Bund. Neben dem NAP I wurde ein Expertenrat unter dem Vorsitzenden Heinz Faßmann eingerichtet. Anhand der von Faßmann entwickelten Integrationsindikatoren wird der Integrationsprozess laufend analysiert. Neben dem Expertenrat wurde zudem ein Integrationsbeirat zur Vernetzung und Kommunikation aller Akteure hinsichtlich der Umsetzung integrationspolitischer Maßnahmen eingerichtet. Zudem erscheint jedes Jahr ein Integrationsbericht indem über laufende Maßnahmen, Erfolge und Herausforderungen und Bilanzen berichtet wird (vgl. Bundesministerium für Inneres 2014).

Nach dem aktuellen Integrationsbericht von 2013 hat die österreichische Integrationspoltik in den letzten Jahren einen Paradigmenwechsel erlebt und dadurch wesentliche Fortschritte erzielt. Neben dargestellten Erfolgen ist es Ziel des Integrationsberichts neue Handlungsansätze zu liefern. Der Expertenrat für Integration mit dem Vorsitzenden Heinz Faßmann präsentiert ihre herausgearbeiteten Themenbereiche als Empfehlung an die jetzige Legislaturperiode. Die Schwerpunkte umfassen unter anderem das Konzept der Integration von Anfang an, welches Integrationsmaßnahmen bereits im Herkunftsland ansetzen will, sowie die Erweiterung der Rot-Weiß-Rot Karte um Migration weiterhin bewusst zu steuern zu können. Ferner ist es Ziel den Einstieg und Aufstieg in die Erwerbsarbeit für Menschen mit Migrationshintergrund zu erleichtern und Sprachförderungen bereits im Kindergarten anzubieten. Die im Sinne dieser Arbeit wesentlichen Punkte sind die Forderungen nach einem weiterführenden Integrationsdialog und nach Verfassungspatriotismus als Fundament gesellschaftlichen Zusammenhalts. Unter Ziel eines weiterführenden Integrationsdialogs lässt sich folgendes verstehen. Integration ist bekanntlich kein einseitiger Prozess und fordert demnach die beidseitige Öffnung der Einwanderungsgesellschaft. Die Einrichtung einer Dialogplattform würde nicht nur die Möglichkeiten eröffnen falsche Informationen der Medien richtig zu stellen sondern darüber hinaus eine Möglichkeit bieten über Erfolge, Versäumnisse und die Notwendigkeiten des Integrationsprozesses berichten zu können. Eben diese Plattform könnte dazu beitragen den dialogorientierten, rationalen Umgang mit integrationspolitisch relevanten Fragen zu fördern (vgl. Integrationsbericht 2013, S.1f). Aus friedenspädagogischer Sicht wäre eine Plattform welche einerseits eine objektive Informationsbasis über aktuelle Themen schafft sowie andererseits Raum für Gespräche lässt, zu begrüßen. Vor allem die Möglichkeit von Medien falsch wiedergegebenen Informationen richtig zu stellen und Stereotype öffentlich hinterfragen zu können, könnte wesentliche Erfolge in der Meinungsbildung der Bevölkerung haben. Darüber hinaus gilt es als Zielsetzung der internationalen Erziehung die Präsenz von zugewanderten Kulturen zu fördern und dadurch

Fremdheitswahrnehmungen zu reduzieren beziehungsweise zu verhindern.

Der letzte Punkt in den Perspektiven für die derzeitige Gesetzgebungsperiode, mit dem Titel „Verfassungspatriotismus als Fundament des gesellschaftlichen Zusammenhalts", legt den Fokus auf die österreichische Rechtsordnung und die gesetzlich verankerten Werte. Folglich empfiehlt der Expertenrat Lehrpläne von Fächern wie Politische Bildung und Staatskundenbürgerschaft in der Weise zu erneuert dass die Bedeutung von Grundwerten hervorgehoben werden kann.

„Freiheit, Demokratie, Rechtsstaatlichkeit, Leistungsbereitschaft, Solidarität, Menschrechte oder die Akzeptanz von Pluralität sollen nicht nur als Lernstoff aufgefasst, sondern als eine Voraussetzung für den Ordnungs- und Freiheitsraum des Staats erkannt und gelebt werden, auch um den Bezug zu Österreich zu stärken" (Integrationsbericht 2013, S. 8).

Die stärkere Einflussnahme von den Grundwerten Toleranz, Solidarität und Akzeptanz von Pluralität sowie den Menschenrechten in den Bildungsbereich ist ein Schritt in das Theoriekonzept des interkulturellen Zusammenlebens in einer dauerhaft multikulturellen Gesellschaft. Darüber hinaus sollten noch andere Thematisierungen in den Unterricht einfließen. Das Erkennen des eigenen Ethnozentrismus sowie ein Vermitteln eines globalen Verantwortungsbewusstseins.

5.1. Charta des Zusammenlebens Steiermark

Die Charta des Zusammenlebens wurde im Juni 2011 vom steirischen Landtag beschlossen. Die Charta bestimmt Grundkonzepte für das kommende Jahrzehnt und stellt den Handlungsrahmen für nachfolgende Integrationsprozesse in der Steiermark dar (vgl. Charte des Zusammenlebens 2011, S.3).

Grundsatzidee der Charta ist es die steirische Gesellschaft als vielfältig zu betrachten und nicht die Vielfalt per se sondern den Umgang mit dieser als gegenwärtig durchaus problematisch zu sehen. Daher hat die Charta wesentliche Grundhaltungen für den konsequenten Umgang mit Vielfalt definiert. Ausgangpunkt ist einerseits das Bewusstmachen eines „Wir-Gefühls" und andererseits der Fokus auf das Individuum anstatt auf Kulturen oder Gruppierungen. Daneben werden verschiedene Leitideen wie eine neugierige und vorurteilsfreie Grundhaltungen sowie das Wahrnehmen der Selbstbestimmung eines jeden Menschens, formuliert. Die in der Charta bereits dargelegten Grundsätze bejahen die Menschrechte, eine gemeinsame Sprache und eine vielfältige Gesellschaft sowie Respekt vor der Vielfalt. Die dargelegten Grundsätze und Haltungen bedarf es um einen normalisierten Umgang mit Vielfalt erreichen zu können. Von dieser Ausgangslage werden langfristige Zielsetzungen für die Integrationsarbeit festgelegt. Diese wären unter anderem: die Berücksichtigung der Vielfalt in allen Entscheidungsprozessen, die Ermöglichung von Chancengleichheit sowie die Ablehnung von Diskriminierung, die zur Gemeinschaftlichkeit führen.

Interessant im Anhang der Charta ist die Erläuterung zum Schonverhalten welches eine unhinterfragte Hilfsbedürftigkeit ablehnt. Gemeint sind damit unter anderem jegliche Maßnahmen welche sich durch spezielle Zielgruppen trotz eines allgemeinem Merkmals auszeichnen (vgl. Charta des Zusammenlebens 2011, S.18). Prinzipiell ist der Gedanke jedem Menschen stets auf dieselbe Art und Weise gegenüberzutreten sehr wertvoll jedoch stellt sich die Frage ob sich spezielle zielgruppendefinierte Maßnahmen aufgrund struktureller Diskriminierungen erklären lassen. So ergibt sich der Bedarf vieler Projekte für beispielsweise AsylwerberInnen durch die nicht vorhandene Chancengleichheit der Zielgruppe. Erst durch die Abschaffung gesellschaftlicher und rechtlicher Barrieren kann die Auflösung spezieller Zielgruppenorientierung erfolgen. So ergibt der Bedarf vieler Projekte für beispielweise speziell für AsylwerberInnen erst durch die nicht vorhandene Chancengleichheit die anderen Zielgruppen zustehen. Gesetzte geben Handlungsrahmen vor und Gesetzte unterscheiden nach Aufenthaltstitel. Nicht um zu klassifizieren und auszugrenzen sondern um einer systemischen Diskriminierung entgegenzuwirken. Im Endeffekt sind derartige Projekte ein Spiegel der gesetzlichen Gegebenheiten. Demnach wäre es kontraproduktiv bei den Auswirkungen und nicht der Ursache anzusetzen, obwohl der Grundgedanke prinzipiell bedeutend erscheint.

Auf die Frage was für Erfolge und welche Nutzen die Charta letztendlich erzielen kann, lässt sich im Sinne dieser Arbeit behaupten: der Erfolg ist, dass es sie gibt.

Um die Akzeptanz von MigrantInnen und Asylsuchenden zu erhöhen und Chancengleichheit ermöglichen zu können, muss der Sachverhalt zu allererst thematisiert werden. Bisher unterzeichneten 35 Organisationen und Institutionen die Charta darunter auch der Landesschulrat Steiermark, die Karl-Franzens Universität Graz und die Arbeiterkammer Steiermark (vgl. Land Steiermark 2014).

Um jedoch nicht ohne kritischen Blick an die Charta und deren Verantwortlichen heranzutreten, sollte folgender Aspekt beachtet werden. Zwei Monate nach der Unterzeichnung der Charta durch die steirische Landesregierung wurde das Bettelverbot in Graz verabschiedet. Die steirischen Regierungsparteien SPÖ und ÖVP sprachen sich einerseits für die Charta und andererseits auch für das Bettelverbot aus. Ungefähr ein halbes Jahr nach dem Inkrafttreten des Bettelverbots wurde dieses wiederum vom Verfassungsgerichtshof aufgrund von Menschenrechtswidrigkeit außer Kraft gesetzt (vgl. ORF 2013). Fazit ist, dass es die Charta gibt, es aber noch an ihrer Umsetzung scheitert. Um mehr Reichweite für Grundideen der Charta erreichen zu können, müssen diese im Bildungsbereich, in der Öffentlichkeitsarbeit sowie in der Politik glaubhaft thematisiert und umgesetzt werden. Folgend wird der NAPI herangezogen und die Frage geklärt inwiefern dieser den Grundgedanken der Charta des Zusammenlebens entspricht.

5.2. Inwiefern entsprechen die Maßnahmen des NAP I der Charta des Zusammenlebens?

Der Nationale Aktionsplan für Integration stellt Handlungsansätze und Herausforderungen für integrationspolitische Maßnahmen dar. Ziel dieses Beitrags ist die Bearbeitung der konkreten Maßnahmen des NAP I anhand der Charta. Es soll einerseits analysiert werden inwiefern der NAPI den Leitgedanken der Charta entspricht. Andererseits wird versucht anhand anderer Leitideen die Effizienz der Maßnahmen des NAP I kritisch zu betrachten und neue Ansatzpunkte zu liefern. Folgend werden daher einzelne Maßnahmen welche entweder eine Verdichtung oder einen Widerspruch darstellen analysiert. Aus Zeitgründen können nicht alle Maßnahmen untersucht werden.

Die im NAP I erarbeiteten Maßnahmen zur Förderung der Integration werden in sieben Handlungsfelder unterteilt. Wie da wären Sprache und Bildung, Arbeit und Beruf, Rechtsstaat und Werte, Gesundheit und Soziales, Interkultureller Dialog, Sport und Freizeit und Wohnen und die regionale Dimension der Integration. Zuerst soll der für den NAP I relevante Integrationsbegriff dargestellt werden. Integration ist demnach die empirisch messbare Partizipation am gesellschaftlichen Leben. Als integrationsfördernde Maßnahmen gelten alle jene, die es sich zum Ziel gesetzt haben chancengleiche Teilhabe an den zentralen Bereichen des gesellschaftlichen Lebens zu ermöglichen und Vorurteilen entgegenzuwirken (vgl. Nationaler Plan für Integration Bericht o.A, S.3). Dennoch lässt sich aus dem Integrationsbericht schließen dass die Gesellschaft als multikulturell und diese Pluralität als Bereicherung betrachtet wird. Jedoch ist zu kritisieren dass der Migration in der österreichischen Politik kein Potenzial zur Entwicklung zugetraut wird. Darüber hinaus wird zwar klar definiert, dass Integration nicht als Einbahnstraße gesehen werden sollte sie sich in diesem Sinne an die gesamte Bevölkerung richten sollte. Johann Gstir und Andrea Moser haben jedoch festgestellt dass sich die Zielsetzungen des NAPI zu 44% auf die Defizite von MigrantInnen und nur 15% auf die Gesamtbevölkerung richten (vgl. Gstir/ Moser 2010, S.1).

Allgemein wird in Österreich Integration erst mit einem anerkannten Aufenthaltstitel zum Thema. Beispielsweise fallen AsylwerberInnen nicht in integrationspolitische Maßnahmen. In Anbetracht von Asylverfahren, die häufig über Jahre hinweg andauern und keine integrationspolitischen Maßnahmen nach sich ziehen, wirft das starke Kritik an der Integrationspolitik auf.

Die erste Maßnahme die in dieser Arbeit auf Widerspruch gestoßen ist, ist die Herausbildung eines österreichischen Wir-Gefühls. Die Frage ist, ob die Sensibilisierung für ein globales Verantwortungsbewusstsein und die damit verbundene Bewusstwerdung einer Welt angebrachter wäre. Zudem ist in der Charta des Zusammenlebens eine der zentralen Grundhaltungen das Bewusstsein im Alltag nicht auf Kulturen oder Gruppen sondern auf Individuen zu treffen (vgl. Charta des Zusammenlebens 2011, S.11). Diese Grundhaltung spricht klar gegen eine bewusst initiierte Gruppenbildung der "ÖsterreicherInnen". Darüber hinaus wäre es im Sinne der Friedenspädagogik und ihrem gesellschaftlichen Auftrag, Grenzen abzubauen und globale Verantwortung zu vermitteln. Daraus resultierend ist im Sinne der Charta und der Friedenspädagogik darauf zu achten, dass Menschen verstärkt als Individuen wahrgenommen werden und ein globales Verantwortungsbewusstsein entstehen kann. Auch aus der Perspektive der Transnationalität wäre eine Verstärkung des österreichischen Wir-Gefühls zu kritisieren, da dieses keine klare Zuschreibung von Zugehörigkeit vollziehen möchte um somit andere Perspektiven öffnen zu können. Beispielsweise wäre verstärkt darauf zu achten Doppelstaatsbürgerschaften einzuführen anstatt Nationalbewusstsein zu schüren. Derselbe Kritikpunkt gilt bei der im NAP I anfangs dargestellten Grundlage für eine erfolgreiche Integration, die klare Bekenntnis zu Österreich. In diesem Sinne kann festgehalten werden dass im NAPI der Fokus mehr auf Kultur und Gruppenzuschreibungen gehalten ist (vgl. Nationaler Aktionsplan für Integration Bericht o.A, S.8).

Im Anhang der Charta des Zusammenlebens wird die Erläuterung zum Schonverhalten dargestellt. In diesem Sinne sind speziell entwickelte Maßnahmen für Gruppen zu kritisieren um Ausgrenzung und ein Betonen von Andersartigkeit zu vermeiden (vgl. Charta des Zusammenlebens 2011, S. 18). Im NAPI spiegelt sich dieser Ansatz kaum wider. Vielmehr werden Maßnahmen, um speziell MigrantInnen Hilfestellungen zu bieten, vollzogen.

Eine andere konkrete Maßnahme im NAP I betont die Erlangung von Grundkompetenzen für LehrerInnen für die Arbeit mit mehrsprachigen und kulturell heterogenen Klassen (Nationaler Aktionsplan für Integration Bericht o.A, S.18). Im Sinne dieser Arbeit sowie im Sinne der Charta und des NAP I wird letztendlich die Gesellschaft als kulturell heterogen wahrgenommen. Daher stellt sich die Frage, ob diese Kompetenz letztendlich nicht jedes Individuum erlangen sollte. Selbstverständlich muss bei der Bildung angesetzt werde. Dennoch muss, um eine Reichweite über die Schulbildung hinaus erreichen zu können muss auf gesamtgesellschaftlicher Ebene gearbeitet werden.

Der theoretischen Zielsetzung der Charta entsprechend setzt der NAP I Maßnahmen zur Bekämpfung von Rassismus, Vorurteilen und Diskriminierung im Schulunterricht, am Arbeitsmarkt sowie auf anderen gesellschaftlichen Ebenen. Darüber hinaus sind im NAPI rechtliche Grundlagen gegen Rassismus, Extremismus beziehungsweise für die Gleichstellung stärker zu nutzen. Aus der empirischen Studie geht die Betonung der Menschenrechte sowie eine damit verbundene Sensibilisierung, als ein möglicher Weg zur Bekämpfung von Rassismus hervor.

Eine weitere Verdichtung stellt die Maßnahme der Verstärkung des interkulturellen Dialogs dar. Allerdings ist hier kritisch anzumerken, warum insbesondere erfolgreiche Menschen mit Migrationshintergrund in den Dialog eingebunden werden sollen. Dies entspricht weder dem Prinzip der Chancengleichheit, die im NAPI und in der Charta fest verankert ist noch dem in der Charta definierten Prinzip der Vielfalt.

5.3. Studie Integrationsklima

Um die unterschiedlichen Integrationsprozesse in Österreich messen zu können, wurden im Rahmen des NAP I fünfundzwanzig Integrationsindikatoren festgelegt. Die fünf Kernelemente ergeben sich aus dem Bildungsstand nach Migrationshintergrund, Erwerbstätigkeitsquote nach Alter und Bildungsstand, Arbeitslosenquote nach Staatsangehörigkeit, Arbeitslosenquote nach Staatsangehörigkeit und Ausbildung, Netto-Jahreseinkommen nach Staatsangehörigkeit und Armutsgefährdung nach Staatsangehörigkeit. Statistisch signifikante Veränderungen zu den Jahren davor lassen sich teilweise schwer erheben, da viele Indikatoren nur lang- beziehungsweise mittelfristig gemessen werden können. Wo allerdings Trends und Veränderungen festgestellt werden können sind Faktoren wie Arbeitslosigkeit, Zuwanderungsdaten und Meinungsbilder. Im Folgenden wird nur auf die Ergebnisse zum Integrationsklima eingegangen und desweitern auf das Statistische Jahrbuch 2013 verwiesen (vgl. Statistisches Jahrbuch 2013).

Das Integrationsklima in Österreich wurde im Februar und März 2013 in einer Studie der GfK Austria erhoben. Insgesamt wurden 931 österreichische StaatsbürgerInnen und 1107 Personen mit Migrationshintergrund befragt (vgl. Statistisches Jahrbuch 2013, S.88). Der Anteil der Befragten besteht aus MigrantInnen der ersten und zweiten Generation aus den Ländern Serbien, Bosnien und Herzegowina, Kroatien und aus der Türkei. Angesichts Zuwanderungsdaten des Jahres 2013, wonach die größte Immigration nach Österreich hinter Deutschland aus Ungarn und

Rumänien erfolgte, stellt sich die Frage nach der Repräsentativität der Studie. Darüber hinaus wurde bis auf die türkischen MigrantInnen keine weiteren nicht europäischen MigrantInnen befragt und keine AsylwerberInnen, Konventionsflüchtlinge oder subsidiär Schutzberechtigte in die Studie miteinbezogen.

Die Beurteilung des Integrationsprozesses seitens der österreichischen StaatsbürgerInnen ergab, dass knapp 55% mit dem Integrationsprozess eher oder sehr unzufrieden sind. Jedoch lässt sich eine absteigende Tendenz feststellen, waren es im Jahr 2010 noch 69% sank der Prozentsatz im Jahr 2012 auf 57% . Umgekehrt stieg in den letzten Jahren die Anzahl der Personen, die den Integrationsprozess als positiv empfanden. Der Vergleich mit den letzten Jahren belegt somit eine Aufhellung des Integrationsthemas. Ausschlaggebend hierfür könnte die Errichtung des Staatssekretariats für Integration oder eine positivere mediale Berichterstattung sein. Die Beurteilung des Integrationsprozesses seitens der Zuwanderer erfolgte unter anderem durch die Fragen: „ Fühlen Sie sich in Österreich heimisch bzw. zu Hause" und „Welchem Staat fühlen Sie sich eher zugehörig" (vgl. Statistisches Jahrbuch 2013, S. 91). Die zweite Frage nach der empfundenen Zugehörigkeit ist angesichts des Konzeptes der Transnationalisierung als eingeschränkt und überholt zu betrachten. Der Fall dass, man sich in beiden Ländern zu Hause und beidem zugehörig fühlt, wird ausgeschlossen. Die Frage vermittelt demnach ein starres Bild von Zugehörigkeit und lässt keine individuellen Sichtweisen zu. Aus den Fragen lässt sich jedoch feststellen dass sich 82% der MigrantInnen völlig oder eher und 18% weniger oder gar nicht in Österreich heimisch fühlen.

Interessant wir die Studie durch die Frage an die österreichischen StaatsbürgerInnen nach Veränderungen im gesellschaftlichen Zusammenleben sowie durch Frage an die Zuwanderer ob sich Ihre persönliche Lebenssituation in den letzten Jahren verändert hat (93). Hierbei wirft sich jedoch die Frage auf warum nicht die gleiche Frage an die Zuwanderer gestellt wurde. Vor allem die Frage nach der persönlichen Lebenssituation geht nicht automatisch mit der Einschätzung des gesellschaftlichen Integrationsprozesses einhergeht. Die Resultate ergeben dass beinahe 25% der österreichischen StaatsbürgerInnen das Zusammenleben mit Zuwanderern als verbessert beurteilt jedoch noch immer der größere Teil mit ca. 28% das Gegenteil empfindet. Trotzdem ist im Vergleich zum Vorjahr der Anteil jener die das Zusammenleben als schlechter betrachteten um 4,4% gesunken und der Anteil der optimistischen Betrachter um 1,7 % gestiegen. Somit lässt sich ein Trend zum Integrationsoptimismus feststellen. Der Vergleich ist angesichts der oben erwähnten Kritik der Fragestellung an die Zuwanderer nicht ohne einer erhöhten Fehlervarianz zulässig und wird somit nur als Orientierungswert angegeben. Demnach geben beinahe 37% der MigrantInnen an, dass sich ihre Lebenssituation in Österreich verbessert und ca. 21% dass sich ihre Lebenssituation verschlechtert hat. Aus dem Vergleich zu den letzten Jahren geht klar hervor, dass die positiven Einschätzungen der Lebenssituationen stark angestiegen sind. Jedoch ist nochmals zu betonen, dass sich die persönliche Lebenssituation aus vielen verschiedenen Gründen ändern kann, welche in der Fragestellung nicht berücksichtigt werden konnten. Daher kann aus dem Vergleich der letzten Jahre nicht auf eine gesellschaftliche Verbesserung der Lebenssituation von MigrantInnen rückgeschlossen werden.

Ferner wurde in der Studie das Verhältnis von Nähe und Distanz seitens der österreichischen StaatsbürgerInnen ermittelt. Daraus resultierte, dass 41% keinen Kontakt zu MigrantInnen haben (vgl. ebd., S.95). Hier ergibt sich ein klarer Handlungsbedarf für den Bildungsbereich und die Öffentlichkeitsarbeit sowie für konkrete Projekte zur Förderung der Interkulturalität.

Die Frage ob sich Zuwanderer aufgrund ihrer Herkunft benachteiligt fühlen ergab, dass sich beinahe 34% immer beziehungsweise eher benachteiligt fühlen. Signifikant höher ist auch der Unterschied bei der Beurteilung von türkischen MigrantInnen und MigrantInnen aus dem ehemaligen Jugoslawien. Demnach fühlen sich ca. 52% der türkischen MigrantInnen und ca. 23% der MigrantInnen aus dem ehemaligen Jugoslawien benachteiligt (vgl. Statistisches Jahrbuch 2013, S.97). Diese Resultate sind möglicherweise Ausdruck der stärkeren Befremdung durch eine andere Religion und den damit verbundenen Traditionen in der österreichischen Gesellschaft. Ferner ist die mediale Darstellung des Islams oft sehr negativ behaftet. Um diesen starken Unterschied der Benachteiligung aufgrund von Herkunft auszugleichen beziehungsweise zu senken, bedarf es einer stärkeren Grundlegung von Toleranz. Darüber hinaus gilt es vor allem dem negativen Einfluss der medialen Berichterstattung und dem oft falsch vermitteltem Bild vom Islam, durch beispielsweise verschiedener Plattformen die als Sprachrohre fungieren können oder mittels einer Informationsbasis entgegenzuwirken.

An letzter Stelle soll noch auf die subjektiven Einstellungen zur Integration und auf die Einschätzung der Zuwanderer der österreichischen Gesellschaft eingegangen werden. Rund 45% der inländischen Bevölkerung meinen, dass sie sich mehr Anpassung seitens der Zuwanderer wünschen. Ferner befürworten 3.3% alle fremdenskeptische bis fremdenfeindliche Items, darunter zählen Aussagen wie beispielsweise, man sollte den in Österreich lebenden AusländerInnen jede politische Betätigung untersagen. Unter den Befragten zeigt sich darüber hinaus ein signifikanter Zusammenhang mit dem Alter der Befragten sowie der politischen Einstellung. Dementsprechend stimmen 8.9% der 15 bis 19jährigen fremdenskeptischen bis fremdenfeindlichen Aussagen zu, im Vergleich zum Durchschnitt liegen mehr als 5.6% dazwischen (vgl. ebd., S. 97). Nimmt man den Wert der Jugend- und Wertestudie 2011 her, dann interessieren sich nur 13% der 14-19jährigen sehr für Politik (vgl. Bericht zur Jugend und Wertestudie 2011, S.55). Aus diesen zwei unterschiedlichen Resultaten könnte man die durchschnittlich hohe Fremdenfeindlichkeit unter Jugendlichen auf fehlendes Interesse, welches meistens zu Unwissenheit und dadurch zu einer hohen Manipulationsempfänglichkeit führt, schließen. Nichtdestotrotz gilt es den Unterricht Politische Bildung als eigenständiges Fach zu etablieren, um das Interesse und die Neugier der Jugendlichen am politischen Geschehen zu erhöhen. Ferner sollte neben Grundwerten wie Toleranz und Akzeptanz auch der reflektierte Umgang mit Medien vermittelt werden.

Auf der anderen Seite wurde die Akzeptanz des „österreichischen Lebensstils" seitens der Zugewanderten eruiert. Die genaue Fragestellung: „Wenn Sie an die österreichische Gesellschaft, die

Art und Weise, wie die meisten Menschen ihr Leben führen und die Werte und Ziele, nach denen die Menschen ihr Leben ausrichten, einmal allgemein betrachten: Sind Sie damit sehr einverstanden oder ganz und gar nicht einverstanden?"(Statistisches Jahrbuch 2013, S.98). Insgesamt waren 24,8% sehr und 51,7% im Großen und Ganzen mit dem „österreichischen Lebensstil" einverstanden. Der Anteil der negativ Eingestellten besteht aus einerseits 8,2% die ganz und gar nicht und 15,3% die eher nicht einverstanden sind. Nicht in der Studie definiert wurde allerdings, was unter „österreichischen Lebensstils" verstanden wird. Bestätigen lässt sich, dass der Bildungsgrad mit Fremdenfeindlichkeit und der Ablehnung der Art und Weise des Lebens in Österreich positiv korreliert (ebd., S.98). Hier könnte man im Bereich der Bildung soweit ansetzen dass eine grundlegende Form der Vermittlung von Toleranz und einem positiven Umgang mit Fremden von Anfang an im Bildungssystem verankert sind. Darüber hinaus sollten nicht nur Personen die einen höheren Bildungsabschluss anstreben, einen reflektierten Umgang mit Diversität nahegelegt bekommen.

5.4. Studie Radar gesellschaftlicher Zusammenhalt in Österreich

Um den Integrationsprozess in Österreich ganzheitlich zu beleuchten folgt eine Darstellung der österreichischen Gesellschaft in Betracht auf Migration, Zusammenhalt und Vielfalt. Dieser Beitrag ist in Anlehnung an die von der Bertelsmann Stiftung durchgeführten Studie in Österreich und nimmt für diese Arbeit wesentliche Aspekte heraus. Es handelt sich hierbei um eine quantitative Studie welche anhand von neun gewählter Faktoren (soziale Netze, Vertrauen in Mitmenschen, Akzeptanz von Diversität, Identifikation, Vertrauen in Institutionen, Gerechtigkeitsempfinden, Solidarität und Hilfsbereitschaft, Anerkennung sozialer Regeln sowie gesellschaftliche Teilhabe) den gesellschaftlichen Zusammenhalt in 34 Ländern misst. Als gesellschaftlicher Zusammenhalt wird die Qualität des gemeinnützigen Miteinanders verstanden.

„Starker Zusammenhalt drückt sich aus durch belastbare soziale Beziehungen, eine positive emotionale Verbundenheit der Menschen min dem Gemeinwesen und eine ausgeprägte Gemeinwohlorientierung. Moderne Gesellschaften beruhen nicht auf Solidarität, die aus Ähnlichkeit erwächst, sondern auf Solidarität, die auf Verschiedenheit und gegenseitiger Abhängigkeit fußt. Deshalb benötigen sie einen inklusiven gesellschaftlichen Zusammenhalt, der die Pluralität der Lebensentwürfe und Identitäten nicht nur als gegeben hinnimmt, sondern als Stärke zu begreifen sucht" (Länderbericht 2013, S.3).

Der gesellschaftliche Zusammenhalt gemessen an den oben genannten Faktoren war in den letzten 25 Jahren stabil und befindet sich im Vergleich zu den 33 anderen Ländern im oberen Mittelfeld. Aus den Ergebnissen resultiert, dass der Umgang mit Diversität ein Schwachpunkt der österreichischen Gesellschaft ist. Im Gegenzug dazu werden soziale Regeln sehr gut anerkannt. Ferner belegt die Studie eine positive Korrelation zwischen gesellschaftlichen Zusammenhalt und dem Bruttoinlandsprodukt. Je größer der gesellschaftliche Zusammenhalt desto höher ist das Bruttoinlandprodukt. Weitere Einflussfaktoren sind darüberhinaus die Verteilung der Einkommens sowie die Entwicklung einer Gesellschaft zur Wissensgesellschaft. Außerdem zeigt die Studie, dass Gesellschaften mit größerem Zusammenhalt ein höheres subjektives Wohlbefinden aufweisen.

5.5. Fazit österreichische Gesellschaft und Migration

Die in der Charta festgehaltenen Grundgedanken spiegeln sich nur ansatzweise in der österreichischen Politik wieder. Obwohl Integration in Österreich zunehmend ein positiveres Gesicht bekommt, ist eine Differenzierung von österreichischen StaatsbürgerInnen und MigrantInnen nach wie vor aktuell. Die Maßnahmen des NAP I richten sich hauptsächlich an MigrantInnen. Aus friedenspädagogischer Perspektive sowie nach dem Grundprinzip der Charta des Zusammenlebens betrachtet ist diese differenzierte Betrachtungsweise stark zu kritisieren. Die integrationspolitischen Maßnahmen und deren Leitgedanken stoßen in den Ergebnissen der Studie über das Integrationsklima in Österreich auf Resonanz. Demnach hat der Großteil der österreichischen StaatsbürgerInnen kaum Kontakt zu MigrantInnen. Darüberhinaus wünschen sich 45% der StaatsbürgerInnen sich mehr Anpassung seitens der MigrantInnen. Vor allem der verhältnismäßig hohe Anteil von Fremdenfeindlichkeit in der Jugend bedarf einem klaren Handlungsansatz. Zudem belegt die Studie der Bertelsmannstiftung den Umgang mit Diversität als Schwachpunkt der österreichischen Gesellschaft. Nicht zu letzt aufgrund einer positiven Korrelation zwischen BIP und dem subjektiven Wohlbefinden mit dem gesellschaftlichen Zusammenhalt muss in der österreichischen Politik ein Paradigmenwechsel erfolgen.

6.   Interkulturelle Gesellschaft

Nieke geht davon aus dass grundsätzlich eine gleichberechtigte Aufnahme von Zuwanderern in die Gesellschaft möglich ist. Betrachtet man moderne Gesellschaften ist dies aber selten der Fall. Eine Integration durch eine Assimilationszumutung ist nicht zuletzt nur in Betracht der transnationalen Migration nicht zielführend. Migration verläuft nicht immer im Sinne einer Verschiebung des Lebensmittelpunktes von einem ein anderes Land. Migration kann auch bedeuten Jahrzehnte in einem Land zu leben und wieder in sein Heimatland zurückzukehren (vgl. Nieke 2007, S. 131). Die in der Arbeit bereits dargelegten Konzepte der Transnationalität und der hybriden Identitäten ermöglichen eine neue Zukunftsperspektive für Gesellschaften. Demnach ist es Leitidee Heterogenität als Normalzustand und kulturelle Vielfalt als Bereicherung zu betrachten.   Darüber hinaus können der Migration positive Aspekte zugeschrieben werden, unter anderem das Potenzial Entwicklung voran zu treiben. In einem Interview wird   die   Idealvorstellung   einer   Migrationsgesellschaft charakterisiert. Eine Gesellschaft in der Diskriminierung und andere gesellschaftliche und rechtliche Barrieren keinen Platz mehr haben und wo Chancengleichheit Normalität ist und nicht erkämpft werden muss.

Die Zielsetzungen der interkulturellen Erziehung, die Leitideen der internationalen Erziehung und die Grundgedanken der Charta des Zusammenlebens streben ein klar definiertes Ziel an. Eine Gesellschaft in der Chancengleichheit vorherrscht, in der das Individuum und nicht zugeschriebene Merkmale im Fokus stehen, in der Menschen aufgeklärt über ihre eigenen Denk- und

Wertestrukturen anderen auf gleicher Augenhöhe begegnen. Eine Gesellschaft in der Toleranz auch dann ausgeübt wird wenn es der eigenen Lebenswelt entgegensteht und in der jedem Mensch die gleichen Rechte und Pflichten und die gleiche Würde zugesprochen wird. Interkulturelle Gesellschaft wird demnach definiert, angelehnt an Nieke, als friedliches Zusammenleben von Individuen unterschiedlicher Lebenswelten. Es ist kein Sonderkonzept für den Umgang mit Zuwanderern sondern ein allgemeines Konzept als Antwort auf eine als dauerhaft zu akzeptierende heterogene Gesellschaft.

Mit der Darstellung einer multikulturellen Gesellschaft geht oft das Nebeneinanderleben von Menschen aus unterschiedlichen Kulturen und Lebenswelten einher. Jedoch wird im Sinne dieser Arbeit bewusst der Begriff der interkulturellen Integration gewählt. Der Gedanke dass multikulturelle Gesellschaften unter der Bewahrung der eigenen Kultur friedlich nebeneinander leben, schließt eine Vermischung aus. Hybride Identitäten und Identifikation als ständiger Prozess legen jedoch eine andere Realität dar. Dahingehend knüpft die interkulturelle Integration an dem Recht eines jeden Menschen auf eine eigene kulturelle Identität, an.

Um das erreichen zu können muss einerseits auf individueller und andererseits auf gesellschaftlicher Ebene angesetzt werden. Auf der individuellen Ebene wird weitgehend so angesetzt als das dem Einzelnen Toleranz und Respekt für Unbekanntes vermittelt werden soll, um eine Sensibilisierung von unterschiedlichen Deutungsmustern herbeizuführen. Auf gesellschaftlicher Ebene muss überall dort angesetzt werden, wo Barrieren sind. Demnach gilt es rechtliche Benachteiligungen abzubauen und eine chancengleiche Kapitalaneignung zu ermöglichen. Das Ausmaß dieser Arbeit reicht nicht aus um eine ganzheitliche Darstellung der Problemsituation und möglicher Lösungsansätze vorzunehmen. Festzuhalten ist aber, dass es Chancengleichheit und sozialer Gerechtigkeit bedarf um Frieden gewährleisten zu können.

7. Fazit & Ausblick

Der gesellschaftliche Auftrag der Friedenspädagogik ergibt sich darin Friedensprozesse anzukurbeln und einen Raum für ein friedliches Zusammenleben zu schaffen. Im Sinne dieser Arbeit wurde das Konzept der Friedenspädagogik in Hinblick auf Migration und dem Umgang damit behandelt. Als erstrebenswertes Ziel ist eine interkulturelle Gesellschaft in der jedem Individuum die gleichen Selbstverwirklichungsmöglichkeiten zugschrieben werden, deklariert worden. Herausforderungen und Handlungsansätze um die österreichische Gesellschaft dahingehend zu entwickeln, ergeben sich vor allem aus dem notwendigen Paradigmenwechsel. Migration kann mit Entwicklung einhergehen und ein Leben in einer interkulturellen Gesellschaft bedarf einer Neuorientierung. Die Zielsetzungen der interkulturellen Erziehung knüpfen dahingehend an Denk- und Wertestrukturen zu reflektieren und einen konstruktiven Umgang mit Fremden zu lehren. Derart stellt die steirische Charta des Zusammenlebens einen klaren Rahmen für Handlungsansätze der österreichischen

Politik dar. Eine zunehmende Orientierung an der Charta und an den Zielsetzungen der interkulturellen Erziehung wird gefordert um Chancengleichheit und gesellschaftlichen Zusammenhalt zu stärken. Aus der empirischen Studie geht hervor, dass eine klare Informationsbasis und ein Sprachrohr für alle Individuen unabhängig ihrer Lebenswelten geschaffen werden sollte. Klare Handlungsansätze ergeben sich somit darin rechtliche und gesellschaftliche Barrieren für eine interkulturelle Gesellschaft aufzubrechen. Letztendlich wandern nicht nur Menschen über Grenzen vielmehr wandern auch Grenzen über Menschen und idealerweise verschwimmt das eine mit dem anderen.

8. Literaturverzeichnis

Amnesty International (2009): Alle 30 Artikel der allgemeinen Erklärung der Menschenrechte. In: http://www.humanrights.ch/de/Instrumente/AEMR/Text/idart_83-content.html [Oktober 2009]

Bayer, Manfred (2003), Migration Begriffserklärungen und Daten zur ausländischen Bevölkerung in Österreich In: http://www.manfredbayer.hewl.net/Thessaloniki03.pdf

Bericht zur Jugend und Wertestudie (2011): In: http://www.dv-jugend.at/fileadmin/user_upload/Pdfs/Jugendwertestudie_11.pdf [02.2012]

Bertelsmann Stiftung (2012): Radar gesellschaftlicher Zusammenhalt, messen was verbindet. Online: http://www.gesellschaftlicher-zusammenhalt.de/fileadmin/Inhalte/Downloads_Infomaterialien/oesterreich_gesellschaftlicher%20Zusammenhalt.pdf

BMI (2014): Nationaler Integrationsplan, In: http://www.bmi.gv.at/cms/BMI_Integration/nap/start.aspx

BMI (2014): Nationaler Aktionsplan Integration Bericht. Online: http://www.bmi.gv.at/cms/BMI_Integration/nap/files/Bericht_zum_Nationalen_Aktionsplan.pdf (20.Jänner.2014)

BMI (2013): Integrationsbericht 2013. Perspektiven und Handlungsempfehlungen. Expertenrat für Integration. Download von http://www.google.com/url?sa=t&rct=j&q=&esrc=s&source=web&cd=1&ved=0CCcQFjAA&url=http%3A%2F%2Fwww.integrationsfonds.at%2Fnc%2Fnews%2Faktuelle_news%2Fintegrationsbericht_2013%2F%3Fcid%3D15504%26did%3D14039%26sechash%3D2db5de35&ei=XAsLU5_PMM-g7AaEroGwCw&usg=AFQjCNFu2IJeAvC_LHocoU6W41WsuVx9jg&bvm=bv.61725948,d.ZGU. (10.Jänner.2014).

BMI (2012): Integrationsbericht. Bilanz des Expertenrates für Integration. 2012 Download von http://www.bmi.gv.at/cms/BMI_Service/ Integration_2012/Integrationsbericht_2012_Band_1_ANSICHT.pdf (10.Jänner.2014).

Broszinsky- Schwabe, Edith (2011): Interkulturelle Kommunikation, Missverständnisse- Verständigung. Wiesbaden: VS Verlag für Sozialwissenschaften

Butterwegge, Christoph (2006): Migrationsberichterstattung, Medienpädagogik und politische Bildung. In: Butterwegge, Christoph, Hentges, Gudrun (Hrsg.): Massenmedien, Migration und Integration, Herausforderungen für Journalismus und politische Bildung. Wiesbaden: VS Verlag für Sozialwissenschaften

Das Land Steiermark (2011). Charta des Zusammenlebens in Vielfalt in der Steiermark. Steiermark. Download von http://www.zusammenleben.steiermark.at /cms/dokumente/11562700_68684441/6aa9c633/Charta_Unterlagen_ 22062011_Web_.pdf (20.02.2014).

derstandard.at (2014): Andere Blicke auf Migration. Online: http://derstandard.at/ 1388650672206/Andere-Blicke-auf-Migration [13.01.2014]

Ergen, Gürkan (2000): Friedenserziehung als weltweite Aufgabe. Magisterarbeit an der Ruprecht-Karls-Universität Heidelberg

Eß, Oliver (2010): Das andere lehren, Interkulturelle Handlungskompetenz als Paradigma. Wilhelmshaven

Farrokhzad, Schahrzad (2006): Exotin, Unterdrückte und Fundamentalistin- Konstriktionen der fremden frau in den deutschen Medien. In: Butterwegge, Christoph, Hentges, Gudrun (Hrsg.): Massenmedien, Migration und Integration, Herausforderungen für Journalismus und politische Bildung. Wiesbaden: VS Verlag für Sozialwissenschaften. S. 55-88.

Flecker Kurt (2002): Die Integration von MigratInnen in der Steiermark, Chancen und Hemmnisse, Bestandaufnahme und Vorschläge. In: http://www.tirol.gv.at/fileadmin/ www.tirol.gv.at/themen/gesellschaft-und-soziales/integration/downloads/Leitbild/ uebergreifend/bericht.pdf [o.A.]

Fürstenau, Sara (2004): Transnationale (Aus) Bildungs- und Orientierungen. In: Zeitschrift für Erziehungswissenschaft, 7. Jahrg., Heft 1/2004, S. 33-57 35

Gräfe Robert/ Wrulich Anja (2013): Transnationalität und Fremdheit in der Erziehungshilfe. In: Sozialmagazin 9-10. 2013. Weinheim: Beltz Juventa. S.30-39

Gstir Johann/ Moser Andrea (2010): Nationaler Aktionsplan Integration 2010: Stellungnahme des Juff-Fachbereichs Integration des Amtes der Tiroler Landesregierung In: Url: https://www.tirol.gv.at/fileadmin/themen/gesellschaft-soziales/integration/downloads/Unterlagen/Stellungnahme.PDF

Hentges, Gudrun (2006): Von Knochenbrechern und dem „schwarzen Dreieck Moskau- Minsk- Kiew. Migrationsberichterstattung im Spiegel. In: Butterwegge, Christoph, Hentges, Gudrun (Hrsg.): Massenmedien, Migration und Integration, Herausforderungen für Journalismus und politische Bildung. Wiesbaden: VS Verlag für Sozialwissenschaften. S. 89-110.

Hunger, Uwe (2011): Migration und Entwicklung. Eine Neuorientierung der EU im 21. Jahrhundert? In: Hentges G./ Platzer, Hans-Wolfgang (Hrsg.): Europa- qua vadis? Wiesbaden: VS Verlag für Sozialwissenschaften

Jaberg, Sabine (2011): Friedens als Zivilisationsprojekt. In: Gießmann, Hans J./Rinke, Bernhard (Hrsg.): Handbuch Frieden. Wiesbaden: VS Verlag für Sozialwissenschaften. S. 86- 102.

Jäger, Uli (2006): Friedenspädagogik: Grundlagen, Herausforderungen und Chancen einer Erziehung zum Frieden, In: Imbusch, Peter/ Zoll, Ralf

(Hrsg.): Friedens- und Konfliktforschung, Eine Einführung. Wiesbaden: VS Verlag für Sozialwissenschaften. S.537-552

Jäger, Uli/ Gugl, Günther (1999): Friedenspädagogik und Friedenserziehung In: http://www.friedenspaedagogik.de/themen/friedenspaedagogik/friede nspaedagogik_artikel_und_dokumente_seit_1900/1990_2000/guenther _gugel_uli_jaeger_friedenspaedagogik_und_friedenserziehung_1999

Kalpaka, Annita / Mecheril, Paul (2010): „Interkulturell". Von spezifisch kulturalistischen Ansätzen zu allgemein reflexiven Per- spektiven. In: Mecheril, Paul / Castro Varela, María do Mar / Dirim, İnci / Kalpaka, Annita / Melter, Claus: Bachelor / Master: Migrationspädagogik. Weinheim: Beltz, S. 77–98

Klaus, Elisabath/ Drüeke, Ricarda (2010): Inklusion und Exklusion in medialen Identitätsräumen. In: Klaus, Elisabeth/ Sedmak, Clemens/ Schweiger, Gottfried/ Drüeke, Ricarda (Hrsg.): Identität und Inklusion im europäischen Sozialraum. Wiesbaden: VS Verlag für Sozialwissenschaften

Krone.at (2013): Integration, Mehrheit der Österreicher zufrieden Online: http://www.krone.at/Oesterreich/Integration_Mehrheit_der_Oesterrei cher_zufrieden-Laut_Studie-Story-387862 [28.12.2013]

Meyer, Berthold (2011): Olympisches Fair Play-ein Ansatz zur Friedenserziehung, In: Meyer Berthold: Konfliktregelungen und Friedensstrategien, Eine Einführung. Wiesbaden: VS Verlag für Sozialwissenschaften. S.319- 332

migration & integration. (2013). Zahlen. Daten. Indikatoren. Download von http://www.integration.at/media/files/integrationsbericht_2013/Statist ische_Jahrbuch_2013.pdf (20.Jänner.2014).

migration & integration. (2012). Zahlen. Daten. Indikatoren. Download von http://www.bmi.gv.at/cms/BMI_Service/Integration_2012/migration_in tegration_2012_72dpi.pdf (20.Jänner.2014).

Mummendey, Amélie/ Kessler, Thomas/ Otten, Sabine (2009): Sozialpsychologische Determinanten- Gruppenzugehörigkeit und soziale Kategorisierung. In: Beelmann, Andreas/ Jonas Kai j. (Hrsg.): Diskriminierung und Toleranz, Psychologische Grundlagen und Anwendungsperspektiven. Wiesbaden: VS Verlag für Sozialwissenschaften.

Nieke, Wolfgang (2008): Interkulturelle Erziehung und Bildung. Wiesbaden: VS Verlag für Sozialwissenschaften.

Orf (2013): Bettelverbot ist verfassungswidrig, In: http://steiermark.orf.at/news/stories/2566498/

Österreich.at (2014): Suchergebnisse „Integration". Online: http://www.oe24.at/search?q= integration

Prisching, Manfred (2012): Eigenes und Fremdes . In: http://www.carinthische-dialoge.at/images/content/CD08%20- %20Prisching.pdf

Pürer, Heinz (o.A.): Medien und Journalismus zwischen Macht und Verantwortung. In: http://www.mediamanual.at/mediamanual/workshop/lo/downloads/l m_01/medienverantwortung.pdf

Röhrs, Herman (1971): Erziehung zum Frieden: Ein Beitrag der Friedenspädagogik zur Friedensforschung. Stuttgart, Berlin, Köln, Mainz : Kohlhammer

SalzburgerNachrichten.at (2014): Wo fremdsprachige Kinder manchmal die besseren sind. Online: http://search.salzburg.com/display/ks080200_08.01.2014_41- 50502606 [07.01.2014]

Senghaas, Dieter (2008): Über Frieden und die Kultur des Frieden. In: Grasse, Renate (Hrsg.): Friedenspädagogik: Grundlagen, Praxisansätze, Perspektiven. Reinbeck bei Hamburg: Rowohlt-Taschenbuch-Verlag

UNESCO (o.A): Empfehlung über Erziehung für internationale Verständigung, Zusammenarbeit und Frieden sowie Erziehung bezüglich der Menschenrechte und Grundfreiheiten, In: http://www.unesco.de/456.html

UNESCO (2011): Toleranz stärkt unsere Gesellschaft, Interview mit Roland Bernecker. In: http://www.unesco.de/5474.html [März.2011]

Vlasic, Andreas (2012): Medien und Integration, Ein Vorschlag zur theoretischen Konzeption und empirischen Erfassung integrationsrelevanter Medieninhalte. Online publiziert 25.10.2012 : VS Verlag für Sozialwissenschaften

Volf, Paul (1995): Der politische Flüchtling als Symbol der zweiten Republik. Zur Asyl- und Flüchtlingspolitik seit 1945. In: Zeitgeschichte, Heft 11-12/1995, S. 415- 435

Wikipedia (2013): Chicken tikka masala. In: http://de.wikipedia.org/wiki/Chicken_tikka _masala [Juni 2013]

Wolf, Frederike (2011), Interkulturelle Integration als Aufgabe des öffentlich rechtlichen Fernsehens, die Einwanderungsländer Deutschland und Großbritannien im Vergleich. Wiesbaden : VS Verlag für Sozialwissenschaften

8.1. Abbildungsverzeichnis

Abb. 1 Zivilisatorisches Hexagon, In: Wikipedia. Online: http://commons.wikimedia.org/wiki/File:Zivilisatorisches_Hexagon.svg

http://media.arbeiterkammer.at/ooe/presseunterlagen/2013/PKU_PISA _05122013_gesamt.pdf

www.ingramcontent.com/pod-product-compliance
Lightning Source LLC
Chambersburg PA
CBHW062017280526
45787CB00005B/2134